Marcus Tullius Cicero

ÜBER DIE KUNST, GUT ALT ZU WERDEN

Alte Weisheiten für die zweite Lebenshälfte

ÜBER DIE KUNST, GUT ALT ZU WERDEN

Alte Weisheiten für die zweite Lebenshälfte

Marcus Tullius Cicero

Herausgegeben und mit einer Einleitung versehen von Philip Freeman

Bibliografische Information der Deutschen Nationalbibliothek
Die Deutsche Nationalbibliothek verzeichnet diese Publikation in der Deutschen Nationalbibliografie. Detaillierte bibliografische Daten sind im Internet über http://dnb.d-nb.de abrufbar.

Für Fragen und Anregungen
info@finanzbuchverlag.de

1. Auflage 2019

Nymphenburger Straße 86
D-80636 München
Tel.: 089 651285-0
Fax: 089 652096

Die englische Originalausgabe erschien 2016 unter dem Titel *Marcus Tullius Cicero: How to Grow Old. Ancient Wisdom for the Second Half of Life.* bei Princeton University Press, 41 William Street, Princeton, New Jersey 08540. In the United Kingdom: Princeton University Press, 6 Oxford Street, Woodstock, Oxfordshire OX20 1 TR.

Übersetzung aus dem Lateinischen: Philip Freeman
Übersetzung aus dem Englischen: Nicole Hölsken
Redaktion: Friederike Thompson
Korrektorat: Manuela Kahle
Umschlaggestaltung: Marc-Torben Fischer
Umschlagfoto: © Granger Historical Picture Archive/Alamy Stock Photo
Satz: Carsten Klein, Torgau
Druck: GGP Media GmbH, Pößneck
Printed in Germany

ISBN Print 978-3-95972-189-9
ISBN E-Book (PDF) 978-3-96092-348-0
ISBN E-Book (EPUB, Mobi) 978-3-96092-349-7

INHALT

EINLEITUNG

Fünfundvierzig vor Christus war für Marcus Tullius Cicero ein schlechtes Jahr.

Der berühmte römische Redner und Staatsmann war Anfang Sechzig und allein. Er hatte sich kurz zuvor von seiner Frau, mit der er dreißig Jahre lang verheiratet gewesen war, scheiden lassen und eine jüngere Frau geheiratet, nur um sich beinahe umgehend auch von ihr zu trennen. Anfang des Jahres war seine geliebte Tochter Tullia gestorben, worüber Cicero untröstlich war. Und seinen Platz an vorderster Front der römischen Politik hatte er vier Jahre zuvor verloren, als Julius Caesar den Grenzfluss Rubikon überschritten und der Römischen Republik einen Bürgerkrieg aufgezwungen hatte. Cicero hatte Caesar damals seine Unterstützung verweigert, sich auf die Seite seiner Gegner geschlagen. Nach Ende des Bürgerkrieges begnadigte der Diktator ihn wie viele andere auch, eine Demütigung, nach der

ihm nur noch der Rückzug auf seinen Landsitz blieb. Fortan hielt er sich dort auf, weit von Rom entfernt, ein alter Mann, allein mit seinen Gedanken und, wie er meinte, nutzlos für die Welt.

Aber statt sich dem Wein hinzugeben oder sich das Leben zu nehmen, wie sein Freund, Cato der Jüngere, es getan hatte, widmete Cicero sich der Schriftstellerei. In seiner Jugend hatte er sich mit Feuereifer der griechischen Philosophie hingegeben und sehnte sich danach, der literarischen Welt nun seinerseits seinen Stempel aufzudrücken, indem er seinen römischen Landsleuten die Gedanken, auf die er bei Platon, Aristoteles und anderen großen Denkern gestoßen war, nahebrachte. Er fühlte sich den stoischen Lehren von Tugend, Ordnung und göttlicher Vorsehung nahe und lehnte die Epikureische Philosophie als beschränkt und zügellos ab. Und so begann er zu schreiben. In einer erstaunlich kurzen Zeitspanne, in der er von den frühen Morgenstunden bis spät in die Nacht arbeitete, brachte er zahlreiche Abhandlungen zu Themen wie Regierung,

Ethik, Erziehung, Religion, Freundschaft und moralischer Pflicht hervor.

Kurz vor der Ermordung Caesars in den Iden des März im Jahre 44 vor Christus wandte sich Cicero dem Thema des Alters zu, und zwar in einer kurzen Abhandlung mit dem Titel *De Senectute*. In der Antike konnte das Leben, wie in unserer heutigen Zeit, manchmal kurz sein, aber wir sind im Irrtum, wenn wir davon ausgehen, dass den Menschen im alten Griechenland und Rom niemals ein langes Leben vergönnt war. Natürlich ist Langlebigkeit in der Antike schwer messbar, und die Kindersterblichkeit war gewiss hoch; dennoch hatten Männer und Frauen, die das Erwachsenenalter erreicht hatten, gute Aussichten, sechzig oder siebzig Jahre oder älter zu werden.

Griechische Autoren berichteten schon vor Cicero auf unterschiedliche Weise über diese letzte Phase des Lebens. Manche idealisierten die Älteren als erleuchtet und weise, wie Homers Nestor, während wiederum andere sie als Langweiler und ständige Nörgler karikierten. Die Dichterin Sappho aus dem sechsten Jahr-

hundert vor Christus verfasste das vielleicht bemerkenswerteste, erst vor Kurzem entdeckte Gedichtfragment zu diesem Thema, in dem sie den Verlust ihrer eigenen Jugend betrauerte:

… meine Haut, ehedem weich, ist
nun faltig,
… mein Haar, ehedem schwarz,
wurde weiß.
Mein Herz ist schwer geworden,
meine Knie,
die mich einst flink wie ein Reh
tanzen ließen, können mich nun
nicht mehr tragen.
Wie oft ich diese Dinge beweine,
aber was nützt das?
Kein Mensch kann dem Alter
entkommen.

Cicero jedoch wollte die bloße Resignation überwinden und ein breiteres Bild des Alters zeichnen. Er erkannte seine Beschränkungen an, wollte jedoch aufzeigen, dass man die späten Jahre als Gelegenheit zu innerem Wachs-

tum und Vervollkommnung am Ende eines gut gelebten Lebens willkommen heißen kann. Als Sprecher in seinem fiktionalen Dialog wählte er Cato den Älteren, einen römischen Feldherrn aus dem vorherigen Jahrhundert, den er sehr bewunderte. In seiner kurzen Unterhaltung mit zwei jüngeren Freunden zeigt Cato auf, dass das Alter für jene, die sich einer weisen Lebensführung verschreiben, die beste Phase des Lebens sein kann. Er widerlegt die Einwände vieler Kritiker, dass das Alter eine unglückliche Zeit der Inaktivität, Krankheit, des Verlustes sinnlicher Freuden und der paralysierenden Angst vor der Todesnähe sein kann. Obwohl Cicero sich über Ältere wie sich selbst lustig macht, indem er Cato weitschweifige Nebenbemerkungen in den Mund legt (wie zum Beispiel seinen ausführlichen Diskurs über die Landwirtschaft), bekräftigt er dennoch, dass das Alter eine Zeit des Lebens ist, vor der man keine Furcht haben muss, sondern die man im Gegenteil in vollen Zügen genießen kann.

Aus Ciceros kleinem Büchlein über das Altern kann man viele wertvolle Dinge lernen. Die wichtigsten sind die folgenden:

1. *Den Grundstein für ein gutes Alter legt man in der Jugend.* Cicero sagt, dass diejenigen Gewohnheiten, die die späten Jahre unseres Lebens produktiv und glücklich machen, von Anfang an kultiviert werden sollten. Mäßigung, Vernunft, klares Denken, die Fähigkeit, alles zu genießen, was das Leben zu bieten hat – all das sollten wir schon in jungen Jahren erlernen, damit es uns im Alter eine Stütze ist. Unglückliche junge Menschen werden im Alter nicht glücklicher.
2. *Das Alter kann ein wunderbarer Teil des Lebens sein.* Wenn wir die richtigen inneren Ressourcen entwickelt haben, können wir unsere letzten Jahre sogar genießen. Zugegeben, es gibt zahllose unglückliche alte Menschen, aber die sollten nicht ihr Alter für ihre Probleme verantwortlich machen. Ihre Fehler, so

Cicero, sind das Ergebnis eines schwachen Charakters und nicht auf die Anzahl der Jahre zurückzuführen, die sie auf Erden weilten.

3. *Das Leben besteht aus bestimmten Jahreszeiten, den Lebensphasen.* Die Natur hat das menschliche Leben so gestaltet, dass wir verschiedene Dinge genießen können, wenn wir jung sind und andere, wenn wir älter sind. Es ist nutzlos, sich an die Jugend zu klammern, wenn sie vorbei ist. Wer die Natur bekämpft, muss verlieren.
4. *Ältere Menschen können den Jüngeren vieles vermitteln.* Wahre Weisheit im Leben kann nur durch Erfahrung erworben werden. Im Alter ist es uns gleichzeitig Vergnügen und Pflicht, dieses Wissen an diejenigen weiterzugeben, die jünger als wir und bereit sind, uns zuzuhören. Aber jüngere Menschen können auch den Älteren vieles bieten, beispielsweise das Vergnügen ihrer lebhaften Gesellschaft.

5. *Ein aktives Leben ist auch im Alter noch möglich, allerdings müssen wir unsere Grenzen akzeptieren.* Ein Achtzigjähriger wird niemals ein Wettrennen gegen ein paar gesunde Zwanzigjährige gewinnen, trotzdem können wir im Rahmen der bescheidenen Grenzen, die uns unser Körper auferlegt, immer noch aktiv sein. Es gibt so vieles, wozu keine körperliche Kraft nötig ist. Ältere Menschen können sich weiterbilden, schreiben oder ihre Weisheit und Erfahrung in den Dienst der Gemeinschaft stellen.
6. *Der Geist ist ein Muskel, den man trainieren muss.* Cicero lässt die Hauptfigur seines Buches in späten Jahren die griechische Literatur erforschen und sich jeden Abend vor dem Zubettgehen die Tagesereignisse ins Gedächtnis rufen. Egal, welche Technik man anwendet, es ist ungeheuer wichtig, unseren Geist im Alter so häufig wie möglich zu nutzen.
7. *Ältere Menschen müssen für sich selbst einstehen.* Oder wie Cicero sagt: »Das

Alter wird nur dann respektiert, wenn es für sich selbst eintritt, seine Rechte verteidigt, sich niemandem unterwirft und bis zum letzten Atemzug über sein Reich regiert.« Mit anderen Worten: Die späten Jahre verdammen einen keineswegs zur Passivität.

8. *Sex wird in hohem Maße überbewertet.* Nicht dass ältere Menschen fleischlichen Genüssen völlig entsagen müssten, aber die unermüdliche sexuelle Leidenschaft der Jugend schwindet im Alter dahin – was Ciceros Ansicht nach sogar ein Segen ist. Die Reduzierung des sinnlichen Appetits schafft Raum für den Genuss anderer Aspekte im Leben, die erheblich befriedigender und dauerhafter sind.
9. *Man widme sich der Gartenpflege.* Diese Idee präsentiert Cicero in dem Kapitel über die Freuden der Landwirtschaft, aber wir können daraus eine wichtige Lehre ziehen: In späten Jahren eine wertvolle Aktivität zu finden, die einem

wahre Freude schenkt, ist wesentlich für unser Glück. Dünger auf dem Acker zu verteilen oder Weinreben zu beschneiden ist vielleicht nicht jedermanns Leidenschaft, aber was immer es ist, es sollte voller Freude betrieben werden.

10. *Man habe keine Angst vor dem Tod.* Cicero sagt, dass der Tod entweder das Ende menschlichen Bewusstseins oder den Beginn ewiger Glückseligkeit markiert. Egal, was davon nun zutreffen mag, auf jeden Fall ist das Leben, wie Cicero sagt, einem Theaterstück vergleichbar. Ein guter Schauspieler weiß, wann er von der Bühne abtreten sollte. Sich verzweifelt an das zur Neige gehende Leben zu klammern, nachdem man es gut gelebt hat, ist sowohl vergeblich als auch töricht.

Vom Mittelalter bis in die Moderne wurden Leser von Ciceros kleinem Büchlein über das Alter erfreut und inspiriert. Der französische Essayist Montaigne erklärte, dass es ihm Ap-

petit aufs Älterwerden gemacht habe, während der amerikanische Gründervater John Adams in seinen späten Jahren den Dialog mit Freuden immer und immer wieder las. Benjamin Franklin war dermaßen beeindruckt von dem Büchlein, dass er im Jahre 1744 in Philadelphia eine Übersetzung davon drucken ließ, sodass dies zu einem der ersten klassischen Werke avancierte, die in Amerika publiziert wurden. Die heutige Welt mit ihrem allgegenwärtigen Jugendwahn benötigt Ciceros Weisheit mehr denn je.

ÜBER DAS ALTER

CATO MAIOR DE SENECTUTE

1. O Tite, si quid ego adiuero curamve levasso,
quae nunc te coquit et versat in pectore fixa,
ecquid erit praemi?

licet enim mihi versibus eisdem adfari te, Attice, quibus adfatur Flamininum

ille vir haud magna cum re, sed plenus fidei;

quamquam certo scio non, ut Flamininum

sollicitari te, Tite, sic noctesque diesque,

CATO DER ÄLTERE ÜBER DAS ALTER

Widmung an meinen Freund Atticus

1. Oh Titus, wenn ich dir Hilfe gewähren kann,
Wenn ich den Kummer lindern kann, der in deinem Herzen wohnt,
Dessen Glut dir Höllenqualen bereitet,
Was wird wohl mein Lohn dafür sein?[1]

Und so, Atticus darf ich dich mit den gleichen Versen ansprechen, mit denen

jener Mann von geringem Reichtum, aber von großer Treue

den Flaminius ansprach – obwohl ich sicher bin, dass du nicht wie jener Flaminius

Tag und Nacht von Sorge getrieben bist, (mein) Titus.

novi enim moderationem animi tui et aequitatem, teque non cognomen solum Athenis deportasse, sed humanitatem et prudentiam intellego. Et tamen te suspicor eisdem rebus quibus me ipsum interdum gravius commoveri, quarum consolatio et maior est et in aliud tempus differenda.

2. Nunc autem est mihi visum de senectute aliquid ad te conscribere. Hoc enim onere, quod mihi commune tecum est, aut iam urgentis aut certe adventantis senectutis et te et me etiam ipsum levari volo, etsi te quidem id modice ac sapienter, sicut omnia, et ferre et laturum esse certo scio; sed mihi, cum de senectute vellem aliquid scribere, tu occurrebas dignus eo munere quo uterque nostrum communiter uteretur. Mihi quidem ita iucunda huius libri confectio fuit ut non modo omnis absterserit senectutis molestias, sed effecerit mollem etiam

Ich weiß, dass du ein maßvoller, gerechter Mann bist, der aus Athen nicht nur einen Beinamen mitgebracht hat,[2] sondern auch einen menschlichen und umsichtigen Verstand. Doch ich vermute, dass dich die gleichen politischen Ereignisse unserer Zeit beunruhigen, die auch mich in Angst und Schrecken versetzen. Aber was diese Angelegenheiten angeht, finden wir wohl im Augenblick keinen Trost, weshalb wir uns dieses Thema für ein andermal aufsparen müssen.

2. Stattdessen möchte ich für dich nun etwas über das Alter schreiben. Diese Bürde haben wir beide zu tragen, zumindest nähert sie sich schnell und unabänderlich und ich möchte sie dir und mir gleichermaßen ein wenig erleichtern.[3] Ich bin sicher, dass du dem herannahenden Alter mit Ruhe und Weisheit entgegenblickst, und zwar sowohl jetzt als auch in Zukunft, denn schließlich tust du das in allen Bereichen deines Lebens. Dennoch bist immer wieder du mir in den Sinn gekommen, als ich darüber nachdachte, etwas zu diesem Thema

et iucundam senectutem. Numquam igitur digne satis laudari philosophia poterit, cui qui pareat omne tempus aetatis sine molestia possit degere.

3. Sed de ceteris et diximus multa et saepe dicemus: hunc librum ad te de senectute misimus. Omnem autem sermonem tribuimus non Tithono, ut Aristo Ceus – parum enim esset auctoritatis in fabula – sed Marco Catoni seni, quo maiorem auctoritatem haberet oratio; apud quem Laelium et Scipionem facimus admirantis quod is tam facile senectutem ferat, eisque eum respondentem. Qui si eruditius videbitur disputare quam consuevit ipse in suis libris, attribuito litteris Graecis, quarum constat

zu schreiben. Dieses kleine Büchlein soll ein Geschenk sein, aus dem wir gemeinschaftlichen Nutzen ziehen können. Tatsächlich hat mir die Ausarbeitung dieses Werkes so viel Freude bereitet, dass sämtliche Gedanken an die Nachteile des Alterns verflogen sind, und es mir mittlerweile sogar wie eine angenehme und vergnügliche Aussicht vorkommt.
Wir können die Liebe zur und das Streben nach Weisheit nicht genug preisen, denn beides erlaubt dem Menschen, jede Phase seines Lebens frei von Sorgen zu verbringen.

3. Ich habe über andere Themen schon so manches geschrieben und werde dies auch in Zukunft tun, aber diese Schrift, die ich dir sende, befasst sich, wie ich bereits sagte, mit dem Alter. Als Ariston von Keos über dieses Thema schrieb, war Tithonos sein Sprachrohr, aber ich halte es für falsch, einer Gestalt aus der Mythologie derlei Autorität zu gewähren.[4] Stattdessen legte ich also meine Worte dem greisen Marcus Cato in den Mund, damit sie ernst genommen werden. Seine Gesprächspartner

eum perstudiosum fuisse in senectute. Sed quid opus est plura? Iam enim ipsius Catonis sermo explicabit nostram omnem de senectute sententiam.

4. *Scipio*: Saepe numero admirari soleo cum hoc Gaio Laelio cum ceterarum rerum tuam excellentem, Marce Cato, perfectamque sapientiam, tum vel maxime quod numquam tibi senectutem gravem esse senserim, quae plerisque senibus sic odiosa est, ut onus se Aetna gravius dicant sustinere.

Cato: Rem haud sane difficilem, Scipio et Laeli, admirari videmini; quibus enim nihil est in ipsis opis ad bene beateque vivendum, eis

sind Laelius und Scipio, die ihn bewundern, weil er das Alter mit solcher Leichtigkeit erträgt.[5] Wenn er nun auf gelehrtere Weise antwortet, als es in seinen eigenen Schriften der Fall ist, so ist das der griechischen Literatur zuzuschreiben, die er in späten Jahren mit großem Eifer studierte.

Doch wozu soll ich noch mehr Worte machen? Von nun an werden die Worte Catos meine Ansichten über das Älterwerden darlegen.

DIE UNTERHALTUNG MIT CATO

4. *Scipio*: Wenn ich mich mit Gaius Laelius unterhalte, mein lieber Marcus Cato, bewundern wir häufig nicht nur deine außergewöhnliche und vollendete Weisheit im Allgemeinen, sondern insbesondere die Tatsache, dass das Alter dich nie zu belasten scheint. Damit unterscheidest du dich doch sehr von den meisten anderen älteren Männern, die sich ständig darüber beklagen, dass es eine Bürde schwerer als der Ätna sei.[6]

omnis aetas gravis est; qui autem omnia bona a se ipsi petunt, eis nihil malum potest videri quod naturae necessitas adferat. Quo in genere est in primis senectus; quam ut adipiscantur omnes optant, eandem accusant adeptam: tanta est stultitiae inconstantia atque perversitas. Obrepere aiunt eam citius quam putassent. Primum quis coegit eos falsum putare? Qui enim citius adulescentiae senectus quam pueritiae adulescentia obrepit? Deinde qui minus gravis esset eis senectus, si octingentesimum annum agerent, quam si octogesimum? Praeterita enim aetas quam vis longa, cum effluxisset, nulla consolatione permulcere posset stultam senectutem.

Cato: Ich glaube, meine jungen Freunde, ihr bewundert mich für etwas, das eigentlich nicht schwer ist. Jene, denen ohnehin schon die Charaktereigenschaften für ein gesegnetes und glückliches Leben fehlen, werden jedes Alter als beschwerlich erleben. Aber jene, die das Gute in sich selbst suchen, werden nichts, was ihnen auferlegt wird, als mühselig empfinden. Das Alter ist dafür das Paradebeispiel. Jedermann hofft, ein hohes Alter zu erreichen, aber wenn es kommt, klagen die meisten Menschen darüber. Wie töricht und unbeständig die Menschen doch sind!

Sie behaupten, dass das Alter sie schneller beschlichen habe, als sie erwartet hätten. Aber wer ist für diese Fehleinschätzung verantwortlich? Wird die Jugend denn schneller vom Alter eingeholt, als sie selbst die Kindheit verdrängt? Würde das Alter sie weniger stark belasten, wenn sie nicht achtzig, sondern achthundert Jahre alt würden? Törichte, alte Menschen kann nichts darüber hinwegtrösten, dass die Zeit ihnen entgleitet, unabhängig davon, wie lange sie leben.

5. Quocirca si sapientiam meam admirari soletis (quae utinam digna esset opinione vestra nostroque cognomine!), in hoc sumus sapientes, quod naturam optimam ducem tamquam deum sequimur eique paremus; a qua non veri simile est, cum ceterae partes aetatis bene descriptae sint, extremum actum tamquam ab inerti poeta esse neglectum. Sed tamen necesse fuit esse aliquid extremum, et tamquam in arborum bacis terraeque fructibus, maturitate tempestiva quasi vietum et caducum, quod ferundum est molliter sapienti. Quid est enim aliud Gigantum modo bellare cum dis, nisi naturae repugnare?

6. *Laelius*: Atqui, Cato, gratissimum nobis (ut etiam pro Scipione pollicear) feceris, si, quoniam speramus – volumus quidem certe senes fieri, multo ante a te didicerimus quibus facillime rationibus ingravescentem aetatem ferre possimus.

Cato: Faciam vero, Laeli, praesertim si utrique vestrum, ut dicis, gratum futurum est.

5. Wenn ihr also meine Weisheit bewundert, und ich wünschte, ich hätte dieses Lob und meinen Beinamen verdient,[7] dann bin ich dieser Bewunderung nur in einer einzigen Hinsicht würdig: Ich folge der Natur als der besten Führerin und gehorche ihr wie einer Göttin. Da sie auch die anderen Akte im Drama des Lebens so sorgsam geplant hat, ist es unwahrscheinlich, dass sie eine ungeschickte Dichterin ist und den letzten Akt verdirbt. Und dieser letzte Akt ist unbedingt nötig, so sicher wie die Früchte der Bäume und der Erde eines Tages welken und abfallen. Ein weiser Mensch weiß das und nimmt es in Würde an. Gegen die Natur anzukämpfen ist so zwecklos wie der Kampf der Riesen gegen die Götter.[8]

6. *Laelius*: Das ist wahr, Cato, aber wir haben an dich ein besonderes Anliegen – ich denke, ich spreche da auch für Scipio. Wir hoffen beide, eines Tages ein hohes Alter zu erreichen, weshalb wir dankbar dafür wären, wenn du uns jetzt schon lehren könntest, wie wir die Last der kommenden Jahre am leichtesten ertragen können.

Laelius: Volumus sane nisi molestum est, Cato, tamquam longam aliquam viam confeceris, quam nobis quoque ingrediundum sit, istuc quo pervenisti videre quale sit.

7. *Cato*: Faciam ut potero, Laeli. Saepe enim interfui querelis aequalium meorum – pares autem, vetere proverbio cum paribus facillime congregantur. Quae Gaius Salinator, quae Spurius Albinus, homines consulares nostri fere aequales, deplorare solebant – tum quod voluptatibus carerent sine quibus vitam nullam putarent, tum quod spernerentur ab eis a quibus essent coli soliti. Qui mihi non id videbantur accusare quod esset accusandum; nam si id culpa senectutis accideret, eadem mihi usu venirent, reliquisque omnibus maioribus natu; quorum ego multorum cognovi senectutem sine querela, qui se et libidinum vinculis laxatos esse non

Cato: Das wäre mir ein Vergnügen, Laelius, wenn ich euch beiden damit, wie du mir versicherst, für die Zukunft tatsächlich einen Gefallen erweise.

Laelius: Das wünschen wir uns in der Tat, wenn es dir nicht zu viel Mühe bereitet. Du bist auf dem Pfad, dem wir folgen, schon lange gewandelt, weshalb wir mit Freuden etwas über das Rüstzeug erfahren wollen, mit dem du ihn bewältigt hast.

7. *Cato*: Ich werde mein Bestes tun, Laelius. Wie oft schon hörte ich mir die Klagen meiner Altersgenossen an »Gleich und Gleich gesellt sich gern«, wie das alte Sprichwort sagt – insbesondere die von Gaius Salinator und Spurius Albinus, die ungefähr im gleichen Alter sind wie ich und früher Konsuln waren. Sie beschwerten sich beständig darüber, dass die Jahre sie der sinnlichen Freuden des Lebens beraubt hätten, Freuden, ohne die zumindest in ihren Augen das Leben nicht mehr lebenswert sei.[9] Des Weiteren betrauerten sie, dass sie von jenen vernachlässigt wurden, die ihnen einst Aufmerksamkeit zollten. Meiner An-

moleste ferrent, nec a suis despicerentur. Sed omnium istius modi querelarum in moribus est culpa, non in aetate. Moderati enim et nec difficiles nec inhumani senes tolerabilem senectutem agunt, importunitas autem et inhumanitas omni aetati molesta est.

8. *Laelius*: Est, ut dicis, Cato; sed fortasse dixerit quispiam tibi propter opes et copias et dignitatem tuam tolerabiliorem senectutem videri, id autem non posse multis contingere.

Cato: Est istuc quidem, Laeli, aliquid, sed nequaquam in isto sunt omnia; ut Themistocles fertur Seriphio cuidam in iurgio respondisse, cum ille dixisset non eum sua, sed patriae gloria splendorem adsecutum: ›Nec hercule,‹ inquit, ›si ego Seriphius essem, nec tu, si Atheniensis

sicht sind derlei Klagen unangebracht. Wenn das eigentliche Problem das Alter wäre, dann müssten ich selbst und alle anderen Greise unter den gleichen Übeln leiden. Doch ich kenne viele Menschen, die ohne jegliche Klagen altern, die die Fesseln der sinnlichen Leidenschaft nicht vermissen und nicht von ihren Freunden vernachlässigt werden. Auch derlei Gejammer ist dem Charakter und nicht dem Alter zuzuschreiben. Ältere Menschen, die vernünftig, ausgeglichen und freundlich sind, ertragen das Alter gut. Jene von niederer Gesinnung und reizbarem Gemüt sind zu jeder Zeit ihres Lebens unglücklich.

8. *Laelius*: Das ist zweifellos wahr, Cato. Aber könnte man nicht einwenden, dass dein Reichtum, dein Besitz, deine soziale Stellung Vorteile im Leben sind, die nur wenige Menschen genießen, und dein Greisenalter für dich so erträglich machen?

Cato: An dieser Behauptung ist durchaus etwas dran, Laelius, aber es ist keineswegs die ganze Wahrheit. Erinnere dich an die Geschichte von Themistokles und dem Mann aus

clarus umquam fuisses.‹ Quod eodem modo de senectute dici potest: nec enim in summa inopia levis esse senectus potest ne sapienti quidem, nec insipienti etiam in summa copia non gravis.

9. Aptissima omnino sunt, Scipio et Laeli, arma senectutis artes exercitationesque virtutum; quae in omni aetate cultae, cum diu multumque vixeris, mirificos ecferunt fructus; non solum quia numquam deserunt ne extremo quidem tempore aetatis (quamquam id quidem maximum est), verum etiam quia conscientia bene actae vitae multorumque bene factorum recordatio iucundissima est.

Serifos.[10] Eines Tages hatten sie ein Streitgespräch, in dem der Serifier behauptete, Themistokles habe seinen Glanz nur durch den Ruhm seiner Vaterstadt erreicht, nicht durch eigene Leistung. »Beim Herkules, ja!«, antwortete Themistokles. »Wenn ich aus Serifos stammte, hätte ich keinen Ruhm erlangt, genauso wenig wie du, wenn du aus Athen kämest.« Das Gleiche kann man vom Alter sagen. Für einen Weisen, der arm ist, muss es eine ebenso schwere Bürde sein wie für den Toren, dem alles Geld der Welt sein Leben nicht leichter machen wird.

9. Mein lieber Scipio, mein lieber Laelius, die geeignetsten Waffen gegen das Alter sind das Studium und die Praxis eines weisen und anständigen Lebens. Wenn Ihr beides in jeder Phase eures Lebens pflegt, wird euch das, wie ich euch mehrfach versichert habe, im Alter reiche Ernte einbringen, und zwar nicht nur, weil beides uns dann auch im letzten Lebensabschnitt nicht verlässt (und das an sich ist ja schon ein großer Vorzug), sondern auch deswegen, weil ein gut gelebtes Leben höchst glückliche Erinnerungen an viele gute Taten schafft.

10. Ego Quintus Maximum, eum qui Tarentum recepit, senem adulescens ita dilexi, ut aequalem; erat enim in illo viro comitate condita gravitas, nec senectus mores mutaverat. Quamquam eum colere coepi non admodum grandem natu, sed tamen iam aetate provectum. Anno enim post consul primum fuerat quam ego natus sum, cumque eo quartum consule adulescentulus miles ad Capuam profectus sum quintoque anno post ad Tarentum. Quaestor deinde quadriennio post factus sum, quem magistratum gessi consulibus Tuditano et Cethego, cum quidem ille admodum senex suasor legis Cinciae de donis et muneribus fuit. Hic et bella gerebat ut adulescens, cum plane grandis esset, et Hannibalem iuveniliter exsultantem patientia sua molliebat; de quo praeclare familiaris noster Ennius:

unus homo nobis cunctando restituit rem,
non enim rumores ponebat ante salutem:
ergo plusque magisque viri nunc gloria claret.

10. In meiner Jugend war ich Quintus Maximus sehr zugetan, der Tarent wieder eroberte. Er verhielt sich, als sei er in meinem Alter, doch er war ein alter Mann und ich nur ein Junge.[11] Dieser Mann besaß Würde, gewürzt mit Freundlichkeit, und das Alter hatte ihn nicht verändert. Als ich ihn kennenlernte, war er zwar noch kein Greis, aber dennoch schon betagt. Im Jahr nach meiner Geburt war er zum ersten Mal Konsul geworden. Als junger Soldat marschierte ich mit ihm nach Capua und fünf Jahre später nach Tarent. Vier Jahre darauf, unter dem Konsulat von Tuditanus und Cethegus, wurde ich Quästor. Zur gleichen Zeit hielt Quintus Maximus Reden, in denen er sich für die Anwendung des Cincischen Gesetzes aussprach, das Schenkungen und Belohnungen regelt.[12]

Trotz seines hohen Alters führte er Kriege wie ein junger Mann und brach Hannibals jugendlichen Ungestüm durch seine Beharrlichkeit. Mein Freund Ennius äußerte sich sehr lobend über ihn:

11. Tarentum vero qua vigilantia, quo consilio recepit! cum quidem me audiente Salinatori, qui amisso oppido fugerat in arcem, glorianti atque ita dicenti; ›Mea opera, Quinte Fabi, Tarentum recepisti,‹ ›Certe,‹ inquit ridens, ›nam nisi tu amisisses numquam recepissem.‹ Nec vero in armis praestantior quam in toga; qui consul iterum Spurio Carvilio conlega quiescente Gaio Flaminio tribuno plebis, quoad potuit restitit agrum Picentem et Gallicum viritim contra senatus auctoritatem dividenti; augurque cum esset, dicere ausus est optimis auspiciis ea geri, quae pro rei publicae salute gererentur, quae contra rem publicam ferrentur, contra auspicia ferri.

Ein Mann rettete durch Zaudern unser Land.
Er weigerte sich, seinen eigenen Ruf über
die Sicherheit Roms zu stellen,
sodass der Ruhm dieses großen Mannes nun
noch heller erstrahlt.

11. Mit welcher Wachsamkeit und Klugheit er Tarent zurückeroberte! Ich selbst hörte, wie Salinator – jener römische Feldherr, der die Stadt verloren hatte und in die Zitadelle geflohen war – sich ihm gegenüber rühmte: »Quintus Fabius, die Wiedereinnahme von Tarent hast du mir zu verdanken.«[13] Der General lachte und antwortete: »Das ist wahr, obwohl ich es nicht hätte zurückerobern müssen, wenn du es nicht verloren hättest.«

Fabius war ein ebenso herausragender Soldat wie Staatsmann. Als er zum zweiten Mal Konsul war, versuchte der Volkstribun Gaius Flaminius, das picenische und gallische Land gegen den ausdrücklichen Willen des Senats unter dem Volk zu verteilen. Obwohl sein Amtsgenosse Spurius Carvilius beharrlich schwieg, unternahm Fabius jede erdenkliche Anstren-

12. Multa in eo viro praeclara cognovi, sed nihil admirabilius, quam quo modo ille mortem fili tulit clari viri et consularis; est in manibus laudatio, quam cum legimus, quem philosophum non contemnimus? Nec vero ille in luce modo atque in oculis civium magnus, sed intus domique praestantior: qui sermo, quae praecepta, quanta notitia antiquitatis, scientia iuris auguri! Multae etiam, ut in homine Romano litterae; omnia memoria tenebat, non domestica solum sed etiam externa bella. Cuius sermone ita tum cupide fruebar, quasi iam divinarem, id quod evenit, illo exstincto, fore unde discerem neminem.

gung, um sich Flaminius zu widersetzen.[14] Als Augur wiederum wagte er zu sagen, dass die Auspizien nur das rieten, was zum Wohl des Staates sei. Das, was schlecht für den Staat sei, entspreche nicht den Auspizien.[15]

12. Ich kann euch aus eigener Anschauung versichern, dass dieser Mann viele bewundernswerte Eigenschaften besaß, aber nichts war herausragender als die Art, mit der er den Tod seines Sohnes ertrug, eines vornehmen früheren Konsuls. Seine Grabrede können wir heute noch nachlesen, und sie beschämt wohl jeden Philosophen. Aber Fabius war nicht nur in der Öffentlichkeit und in den Augen seiner Mitbürger ein vorbildlicher Mann. Im privaten Rahmen seines eigenen Hauses war er sogar noch bewundernswerter. Seine Beredsamkeit, sein moralischer Rat, seine Kenntnis der Geschichte, sein Wissen um die Gesetze der Auspizien, all das war verblüffend! Für einen Römer war er sehr belesen und wusste alles, nicht nur über die Kriege unserer Heimat, sondern auch über die des Auslandes. Wie gern hörte ich ihm immer zu, als hätten mich die Göt-

13. Quorsum igitur haec tam multa de Maximo? Quia profecto videtis, nefas esse dictu miseram fuisse talem senectutem. Nec tamen omnes possunt esse Scipiones aut Maximi, ut urbium expugnationes, ut pedestres navalesve pugnas, ut bella a se gesta, ut triumphos recordentur; est etiam quiete et pure atque eleganter actae aetatis placida ac lenis senectus, qualem accepimus Platonis, qui uno et octogesimo anno scribens est mortuus; qualem Isocratis, qui eum librum qui Panathenaicus inscribitur quarto et nonagesimo anno scripsisse se dicit, vixitque quinquennium postea; cuius magister Leontinus Gorgias centum et septem complevit annos neque umquam in suo studio atque opere cessavit. Qui, cum ex eo quaereretur, cur tam diu vellet esse in vita, ›Nihil habeo,‹ inquit, ›quod accusem senectutem.‹ Praeclarum responsum et docto homine dignum.

ter damals schon erahnen lassen, was dann ja auch tatsächlich der Fall war, nämlich dass ich nach seinem Ableben von niemandem mehr so viel lernen würde wie von ihm.

13. Warum rede ich hier so viel über Fabius Maximus? Natürlich, um euch vor Augen zu führen, dass es falsch wäre, ein Greisenalter wie das seine als unglücklich zu bezeichnen. Dennoch kann nicht jedermann ein Scipio oder ein Fabius sein und die Eroberung von Städten, zu Land und zu Wasser geschlagene Schlachten oder Kriege, die er geführt, und Triumphe, die er errungen hat, zu seinen Erinnerungen zählen. Aber es gibt eine andere Form des Alters, das friedliche und heitere Ende eines ruhigen, anständig und würdevoll gelebten Lebens. Auf diese Weise verbrachte Platon seine letzten Jahre und verfasste immer noch seine Schriften, als er im Alter von einundachtzig verstarb.[16] Isokrates ist ein weiteres Beispiel. Er selbst gibt an, vierundneunzig gewesen zu sein, als er sein Buch *Panathenaicus* verfasste – danach lebte er noch fünf weitere Jahre![17] Sein Lehrer Leontinus Gorgias erreichte

14. Sua enim vitia insipientes et suam culpam in senectutem conferunt. Quod non faciebat is cuius modo mentionem feci Ennius:

> sicuti fortis equus, spatio qui saepe supremo
> vicit Olympia, nunc senio confectus quiescit.

Equi fortis et victoris senectuti comparat suam. Quem quidem probe meminisse potestis; anno enim undevicesimo post eius mortem hi consules, T. Flamininus et M. Acilius, facti sunt; ille autem Caepione et Philippo iterum consulibus mortuus est, cum ego quinque et sexaginta annos natus legem Voconiam magna voce et bonis lateribus suasi. Sed Annos septuaginta natus, tot enim vixit Ennius, ita ferebat duo quae maxima putantur onera,

sogar seinen einhundertsiebenten Geburtstag, wobei er niemals von seinen Studien und seiner Arbeit abließ.[18] Wenn jemand ihn fragte, warum er so lange leben wolle, antwortete er: »Ich habe keinen Grund, mich über das Alter zu beschweren.« Eine vornehme Antwort, eines Gelehrten würdig.

14. Törichte Menschen machen das Alter für ihre Fehler und Unzulänglichkeiten verantwortlich. Ennius, den ich schon vorhin erwähnte, tat das sicherlich nicht, denn er vergleicht sich als alter Mann mit einem edlen und siegreichen Schlachtross:

> Wie ein mutiges Ross, das häufig bei den
> Olympischen Spielen gewonnen hat,
> gehe ich die letzte Runde, nun geschwächt
> vom Alter, mit Ruhe an.

Wahrscheinlich könnt ihr euch noch gut an Ennius erinnern, denn er starb nur neunzehn Jahre, bevor unsere derzeitigen Konsuln, Titus Flaminius und Manius Acilius gewählt wurden, damals, als Caepio und Philippus Konsuln wa-

paupertatem et senectutem, ut eis paene delectari videretur.

15. Etenim cum complector animo, quattuor reperio causas cur senectus misera videatur:

unam, quod avocet a rebus gerendis.
alteram, quod corpus faciat infirmius.
tertiam, quod privet fere omnibus voluptatibus.
quartam, quod haud procul absit a morte.

Earum, si placet, causarum quanta quamque sit iusta unaquaeque videamus.

A rebus gerendis senectus abstrahit. Quibus? An eis, quae iuventute geruntur et viribus?

ren (Letzterer zum zweiten Mal). Bei seinem Tod war ich selbst fünfundsechzig Jahre alt und hielt eine Rede zugunsten des Voconischen Gesetzesvorschlages, den ich mit lauter Stimme und kräftiger Lunge empfahl.[19] Ennius war zu dieser Zeit siebzig Jahre alt und litt an den beiden von den Menschen wohl als schlimmste Bürden des Lebens empfundenen Übeln Armut und Alter. Aber er trug beides mit solchem Gleichmut, dass man hätte glauben können, er habe Gefallen daran.

15. Wenn ich ans Greisenalter denke, kann ich vier Gründe ausmachen, aus denen man es für ein Unglück hält:

> Erstens, weil es uns das aktive Leben versagt.
> Zweitens, weil es den Körper schwächt.
> Drittens, weil es uns fast sämtlicher sinnlichen Freuden beraubt.
> Viertens, weil es uns vor Augen führt, dass der Tod nahe ist.

Deshalb wollen wir, wenn ihr nichts dagegen habt, uns jeden einzelnen dieser Gründe an-

Nullaene igitur res sunt seniles, quae vel infirmis corporibus, animo tamen administrentur? Nihil ergo agebat Quintus Maximus, nihil Lucius Paulus pater tuus, socer optimi viri fili mei? Ceteri senes, Fabricii Curii Coruncanii, cum rem publicam consilio et auctoritate defendebant, nihil agebant?

16. Ad Appi Claudi senectutem accedebat etiam ut caecus esset; tamen is cum sententia senatus inclinaret ad pacem cum Pyrrho

sehen, um zu erforschen, ob sie Berechtigung haben.

Das aktive Leben

Denken wir zunächst über die Behauptung nach, dass das Alter uns ein aktives Leben versagt. Von welcher Art der Aktivität sprechen wir überhaupt? Meinen wir damit nicht die Aktivität der Jungen und Starken? Doch sicherlich gibt es doch noch andere Tätigkeiten, die man auch im Greisenalter noch ausüben kann, wenn der Körper geschwächt ist. Gab es nicht auch wichtige Aufgaben für Quintus Maximus, den ich zuvor schon erwähnte, und für Lucius Paullus, deinen eigenen Vater, Scipio, und gleichzeitig den Schwiegervater des besten aller Männer, meines Sohnes?[20] Und was mit den anderen alten Männern, wie Fabricius, Curius und Coruncanius?[21] Waren sie etwa untätig, als sie ihre Weisheit und ihren Einfluss nutzten, um ihr Land zu schützen?

16. Appius Claudius war nicht nur alt, sondern auch blind, als er vor dem Senat sprach, der geneigt war, für einen Friedensvertrag mit

foedusque faciendum, non dubitavit dicere illa, quae versibus persecutus est Ennius:

> quo vobis mentes, rectae quae stare solebant
> antehac, dementis sese flexere viai?

ceteraque gravissime; notum enim vobis carmen est, et tamen ipsius Appi exstat oratio. Atque haec ille egit septimo decimo anno post alterum consulatum, cum inter duos consulatus anni decem interfuissent, censorque ante superiorem consulatum fuisset; ex quo intellegitur, Pyrrhi bello grandem sane fuisse; et tamen sic a patribus accepimus.

17. Nihil igitur adferunt qui in re gerenda versari senectutem negant, similesque sunt ut si qui gubernatorem in navigando nihil agere dicant, cum alii malos scandant, alii per foros cursent, alii sentinam exhauriant, ille autem clavum tenens quietus sedeat in puppi. Non

König Pyrrhus zu stimmen.[22] Dennoch sprach er ohne zu zögern jene Worte aus, die Ennius später in Verse fasste:

> Welcher Wahnsinn hat Euren Geist, einst so entschlossen und stark,
> vom rechten Weg abgebracht?

Auf diese Weise fährt er auf höchst eindrucksvolle Weise fort. Aber ihr kennt das Gedicht, und in der Tat ist auch die tatsächliche Rede des Appius noch vorhanden. Er hielt sie siebzehn Jahre nach seinem zweiten Konsulat, wobei zehn Jahre zwischen seinen Konsulaten verstrichen waren, und er zuvor Zensor gewesen war. Zur Zeit des Pyrrhuskrieges war er also bereits hochbetagt, und doch wird diese Geschichte von unseren Vätern so berichtet.

17. Der Vorwurf, dass es keine nützlichen Aktivitäten für das Alter gäbe, ist also nichtig. Genauso könnte man behaupten, dass ein Steuermann nichts Nützliches zum Segeln eines Schiffes beiträgt, weil es andere sind, die auf die Masten klettern, oder auf Deck hin und

faciat ea quae iuvenes; at vero multo maiora et meliora facit. Non viribus aut velocitate aut celeritate corporum res magnae geruntur, sed consilio auctoritate sententia; quibus non modo non orbari, sed etiam augeri senectus solet.

18. Nisi forte ego vobis, qui et miles et tribunus et legatus et consul versatus sum in vario genere bellorum, cessare nunc videor cum bella non gero: at senatui quae sint gerenda praescribo et quomodo; Carthagini male iam diu cogitanti bellum multo ante denuntio, de qua vereri non ante desinam, quam illam exscissam esse cognovero.

her laufen oder an den Wasserpumpen arbeiten, während er ruhig am Steuer sitzt und das Ruder hält. In der Tat verrichtet er nicht die gleichen Tätigkeiten wie die jüngeren Mitglieder der Schiffsmannschaft, aber was er tut, ist um ein Vielfaches wichtiger und wertvoller. Denn nicht immer sind es die Kraft oder die Schnelligkeit oder Behändigkeit des Körpers, mit denen große Taten vollbracht werden, sondern vielmehr die Weisheit, der Charakter und die Klugheit der Entscheidungen. Über derlei Eigenschaften verfügen vornehmlich betagte Menschen, und sie nehmen mit der Zeit sogar noch zu.

18. Ich habe in meinem Leben als gemeiner Soldat gedient, war sodann Tribun, dann Legat und schließlich, als Konsul, Oberbefehlshaber. Da ich nun nicht länger am Kriegsgeschehen teilnehme, haltet ihr mich für untätig. Aber der Senat hört auf mich, wenn ich ihn berate, welche Kriege auf welche Weise sie zu führen sind. Im Augenblick sinnt Karthago auf Unheil, weshalb ich ihm den Krieg ankündige. Ich werde niemals aufhören, diese Stadt zu fürch-

19. Quam palmam utinam di immortales, Scipio, tibi reservent, ut avi reliquias persequare! cuius a morte tertius hic et tricesimus annus est, sed memoriam illius viri omnes excipient anni consequentes; anno ante me censorem mortuus est, novem annis post meum consulatum cum consul iterum me consule creatus esset. Num igitur si ad centesimum annum vixisset, senectutis eum suae paeniteret? Nec enim excursione nec saltu nec eminus hastis aut comminus gladiis uteretur, sed consilio ratione sententia; quae nisi essent in senibus, non summum consilium maiores nostri appellassent senatum.

ten, bis ich weiß, dass sie vollständig zerstört worden ist.[23]

19. Und ich bete darum, dass die unsterblichen Götter dir, Scipio, die Ehre vorbehalten haben, das zu vollenden, was dein Großvater unvollendet ließ. Dieser größte aller Männer starb vor dreiunddreißig Jahren, aber mit jedem Jahr, das vergeht, mehrt sich das Andenken an seinen Ruhm. Er starb in dem Jahr, bevor ich Zensor wurde, neun Jahre nach meinem Konsulat, während dem er selbst zum zweiten Mal zum Konsul gewählt wurde.

Wenn dein Großvater das hundertste Lebensjahr erreicht hätte, hätte er sein hohes Alter dann bejammert? Gewiss nicht. Er hätte seine Zeit nicht mehr damit verbracht, umherzulaufen, zu springen oder sich im Speerwurf oder in Schwertübungen zu versuchen. Stattdessen hätte er seine Weisheit, seine Vernunft und seinen Verstand eingesetzt. Wenn hochbetagte Männer diese Eigenschaften nicht besäßen, hätten unsere Vorfahren unserem höchsten Rat niemals den Namen »Senat« verliehen, was so viel heißt wie »Versammlung der Alten«.[24]

20. Apud Lacedaemonios quidem ei qui amplissimum magistratum gerunt, ut sunt sic etiam nominantur senes. Quodsi legere aut audire voletis externa, maximas res publicas ab adulescentibus labefactatas, a senibus sustentatas et restitutas reperietis:

> Cedo qui vestram rem publicam tantam
> amisistis tam cito?

sic enim percontantur in Naevi poetae Ludo. Respondentur et alia et hoc in primis:

> proveniebant oratores novi, stulti
> adulescentuli.

Temeritas est videlicet florentis aetatis, prudentia senescentis.

21. At memoria minuitur. – Credo, nisi eam exerceas, aut etiam si sis natura tardior.

20. Auch unter den Spartanern werden diejenigen, die die wichtigsten Ämter innehaben, als »Ältere« bezeichnet, was sie auch wirklich sind. Wenn man den Geschichten fremder Länder lauscht, erfährt man, dass die größten Staaten von den Jungen erschüttert, von den Älteren jedoch gerettet und wiederhergestellt wurden. Naevius formuliert es in seinem Stück *Ludo*, was so viel heißt wie »Spiel«, so:[25]

> Sagt mir, wie konntet Ihr Eure große Nation
> so schnell zugrunde richten?

Und die wichtigste Antwort, die die Figuren geben, lautet wie folgt:

> Neulinge drängten sich vor, törichte, junge Männer.

Unbesonnenheit ist wahrlich die Frucht der Jugend, Weisheit aber zeichnet das hohe Alter aus.

21. Einige behaupten, dass das Gedächtnis mit den Jahren nachlässt. Natürlich tut es das,

Themistocles omnium civium perceperat nomina; num igitur censetis eum, cum aetate processisset, qui Aristides esset, Lysimachum salutare solitum? Equidem non modo eos novi qui sunt, sed eorum patres etiam et avos; nec sepulcra legens vereor, quod aiunt, ne memoriam perdam; eis enim ipsis legendis in memoriam redeo mortuorum. Nec vero quemquam senem audivi oblitum quo loco thesaurum obruisset; omnia quae curant meminerunt, vadimonia constituta, quis sibi, cui ipsi debeant.

22. Quid iurisconsulti, quid pontifices, quid augures, quid philosophi senes, quam multa meminerunt! Manent ingenia senibus, modo permaneat studium et industria, neque ea solum in claris et honoratis viris, sed in vita etiam privata et quieta. Sophocles ad summam senectutem

wenn ihr es nicht übt oder von Beginn an nicht besonders klug seid. Themistokles lernte die Namen sämtlicher Bürger Athens auswendig. Glaubt ihr also, dass er im Alter Aristides mit Lysimachus verwechselte, wenn er sie begrüßte?[26] Ich selbst erinnere mich nicht nur an die Lebenden, sondern auch an deren Väter und Großväter. Auch fürchte ich nicht, durch das Lesen ihrer Grabinschriften mein Gedächtnis zu verlieren, wie der Aberglaube es behauptet, sondern stelle fest, dass die Lektüre meine Erinnerung an die Verstorbenen auffrischt. Und ich habe ganz sicher noch nie von einem Mann gehört, der vergaß, wo er sein Geld versteckt hatte! Alte Menschen erinnern sich an das, was von Bedeutung ist für sie, beispielsweise an den Zeitpunkt, an dem sie vor Gericht zu erscheinen haben, an ihre Schuldner oder ihre Gläubiger.

22. Und was ist mit den betagteren Rechtsgelehrten, Priestern, Auguren und Philosophen? Was für eine Vielzahl von Dingen sie noch wissen! Ältere Menschen erhalten sich ihre Geisteskräfte, solange sie eifrig lernen und tätig bleiben. Das trifft nicht nur auf Persön-

tragoedias fecit; quod propter studium cum rem neglegere familiarem videretur, a filiis in iudicium vocatus est, ut quemadmodum nostro more male rem gerentibus patribus bonis interdici solet, sic illum quasi desipientem a re familiari removerent iudices; tum senex dicitur eam fabulam quam in manibus habebat et proxime scripserat, Oedipum Coloneum, recitasse iudicibus quaesisseque, num illud carmen desipientis videretur; quo recitato sententiis iudicum est liberatus.

23. Num igitur hunc, num Homerum, Hesiodum Simonidem Stesichorum, num quos ante dixi Isocratem Gorgian, num philosophorum principes Pythagoram Democritum, num Plato-

lichkeiten, die in der Öffentlichkeit stehen, zu, sondern auch auf jene, die ein ruhiges, zurückgezogenes Leben führen. Sophokles dichtete bis ins hohe Alter hinein noch weiter Tragödien.[27] Als er das Finanzwesen seiner Familie aufgrund seiner Leidenschaft fürs Schreiben vernachlässigte, zogen seine Söhne gegen ihn vor Gericht mit dem Ziel, ihm aufgrund seiner Geistesschwäche die Verwaltung des Vermögens von den Richtern untersagen zu lassen. (So wie wir heute, besaßen auch die Menschen damals Gesetze, mit deren Hilfe jedem Familienoberhaupt die Geschäftsfähigkeit bei Misswirtschaft entzogen werden konnte.) Man sagt, dass der alte Mann dem Gericht sodann sein Trauerspiel *Oedipus at Colonus* vorlas, das er gerade verfasst hatte und soeben überarbeitete. Als er fertig war, fragte er das Gericht, ob dies nach der Arbeit eines Schwachsinnigen klänge, woraufhin er freigesprochen wurde.

23. Offensichtlich hielt Sophokles auch im hohen Alter an seiner Berufung fest, genau wie Homer, Hesiod, Simonides oder Stesichorus und ebenso wie die beiden Männer, die ich

nem, num Xenocratem, num postea Zenonem Cleanthem aut eum quem vos etiam vidistis Romae, Diogenem Stoicum coegit in suis studiis obmutescere senectus? an in omnibus his studiorum agitatio vitae aequalis fuit?

24. Age ut ista divina studia omittamus, possum nominare ex agro Sabino rusticos Romanos, vicinos et familiares meos, quibus absentibus numquam fere ulla in agro maiora opera fiunt, non serendis, non percipiendis, non condendis fructibus; quamquam in aliis minus hoc mirum est – nemo est enim tam senex qui se annum non putet posse vivere – sed idem in eis elaborant quae sciunt nihil ad se omnino pertinere:

> serit arbores quae alteri saeculo prosient,

ut ait Statius noster in Synephebis.

zuvor bereits erwähnte, nämlich Isokrates und Gorgias, ganz zu schweigen von herausragenden Philosophen wie Pythagoras, Demokrit, Platon, Xenokrates oder ihre Nachfolger Zenon, Kleanthes oder Diogenes, den Stoiker, den ihr beide in Rom kennengelernt habt.[28] All diese Männer studierten und arbeiteten mit Feuereifer, solange sie lebten.

24. Aber abgesehen von diesen außergewöhnlichen Männern und ihrer Arbeit, kann ich auch ältere römische Landmänner aus dem Land der Sabiner hier anführen, meine eigenen Nachbarn und Freunde, die sich während der größeren Landarbeiten niemals von den Feldern fernhalten, egal ob es sich um Sähen, Ernten oder das Lagern der Ernte handelt.

Ihre Arbeit ist sicher weniger bemerkenswert als andere Arten der Tätigkeit, aber dennoch bemühten sich diese Männer um das Land, obwohl sie wussten, dass sie womöglich nicht mehr in den Genuss der Ernte kommen würden. Dabei ist doch eigentlich niemand so alt, dass er nicht zu jedem Zeitpunkt seines Daseins ein weiteres Jahr leben möchte. Wie Cae-

25. Nec vero dubitat agricola, quamvis sit senex, quaerenti cui serat respondere, ›dis immortalibus, qui me non accipere modo haec a maioribus voluerunt, sed etiam posteris prodere.‹

Et melius Caecilius de sene ›alteri saeculo‹ prospiciente, quam illud idem:

edepol Senectus, si nil quicquam aliud viti
apportes tecum, cum advenis unum id sat est,
quod diu vivendo multa quae non vult videt.

et multa fortasse quae vult; atque in ea quae non vult saepe etiam adulescentia incurrit. Illud vero idem Caecilius vitiosius:

tum equidem in senecta hoc deputo
miserrimum,
sentire ea aetate eumpse esse odiosum alteri.

cilius Statius[29] in seinen *Synephebis*, was so viel heißt wie »Jugendfreuden«, bemerkt:

> Er pflanzt Bäume an, damit sie der Nachwelt
> von Nutzen sind.

25. Wenn ihr einen Landmann, egal wie alt er sein mag, fragt, für wen er etwas anpflanzt, wird er stets antworten: »Für die unsterblichen Götter, die mir diese Dinge nicht nur von meinen Vorfahren vererbt haben, sondern auch bestimmt haben, dass ich sie an meine Nachfahren weitergebe.«

Als Cecilius einen Greis beobachtete, der Vorsorge für zukünftige Generationen traf, machte er folgende erstaunliche Bemerkung:

> Fürwahr, Greis, wenn du keinen anderen
> Fehler mit dir herumtrügest als das Alter,
> wenn du es erlangst, so ist es doch dieser
> eine,
> dass du in einem langen Leben vieles sahst,
> das du nicht sehen wolltest.

26. Iucundum potius quam odiosum: ut enim adulescentibus bona indole praeditis sapientes senes delectantur, leviorque fit senectus eorum qui a iuventute coluntur et diliguntur, sic adulescentes senum praeceptis gaudent, quibus ad virtutum studia ducuntur; nec minus intellego me vobis quam mihi vos esse iucundos.
Sed videtis ut senectus non modo languida atque iners non sit, verum etiam sit operosa et semper agens aliquid et moliens, tale scilicet quale cuiusque studium in superiore vita fuit. Quid qui etiam addiscunt aliquid, ut et Solonem versibus gloriantem videmus, qui se cotidie aliquid addiscentem dicit senem fieri, et ego feci

Aber vielleicht gefällt dem gleichen Mann auch vieles von dem, was er sieht! Und immerhin sehen auch junge Menschen im Leben vieles, das sie lieber nicht sehen würden.
Eine andere Empfindung, die Caecilius zum Ausdruck bringt, ist sogar noch schlimmer:

> Ich glaube, das Schlimmste am Alter ist
> das Gefühl, den anderen lästig zu sein.

26. Ich aber sage, dass die Alten eher angenehm als lästig sind! Genau wie der weise, alte Mann die Gesellschaft junger Männer guten Charakters genießt und sein Alter durch die Verehrung und Zuneigung, die die Jungen ihm entgegenbringen, sogar erleichtert wird, so können sich junge Männer an den Ratschlägen der Alten erfreuen, die ihnen eine Richtschnur zu tugendhaftem Handeln bieten. Meine jungen Freunde, mir gefällt die Vorstellung, dass euch meine Gesellschaft ebenso angenehm ist, wir mir die eure.

Ihr seht also, dass das Alter nicht nur träge und faul macht, sondern einen sehr aktiv sein

qui litteras Graecas senex didici? Quas quidem sic avide arripui, quasi diuturnam sitim explere cupiens, ut ea ipsa mihi nota essent quibus me nunc exemplis uti videtis. Quod cum fecisse Socratem in fidibus audirem, vellem equidem etiam illud (discebant enim fidibus antiqui) sed in litteris certe elaboravi.

27. Ne nunc quidem vires desidero adulescentis (is enim erat locus alter de vitiis senectutis), non plus quam adulescens tauri aut elephanti desiderabam. Quod est, eo decet uti, et quidquid agas agere pro viribus. Quae enim vox potest esse contemptior quam Milonis Cro-

lassen kann, sodass man sich mit Feuereifer den gleichen Aufgaben widmen kann wie in Jugendjahren. Niemals sollte man aufhören zu lernen, wie Solon, der sich in seinen Versen damit brüstete, dass er mit jedem Tag seines Alterns etwas Neues hinzulerne.[30] Ich tue das Gleiche, bringe mir noch als alter Mann das Griechische bei. Ich habe mich auf diese Studien mit ähnlicher Gier gestürzt, wie jemand, der seit Langem Durst leidet, auf Wasser. Übrigens konnte ich dadurch alle Beispiele anführen, die ich in diese Diskussion einbringe. Ich hörte, dass Sokrates noch als alter Mann lernte, die Lyra zu spielen, jenes Lieblingsinstrument unserer Ahnen. Ich wünschte, ich könnte es ihm gleichtun, aber zumindest widmete ich mich gewissenhaft der Literatur.

Körper und Geist

27. Ich sehne mich nicht mehr nach der Stärke der Jugend (das war der andere Einwand gegen das Alter, der angeführt wurde) ebenso wenig, wie ich als junger Mann die Stärke eines Stiers oder Elefanten vermisste. Alles, was man tut, sollte man unter Berücksichtigung der

toniatae? Qui cum iam senex esset, athletasque se exercentes in curriculo videret, aspexisse lacertos suos dicitur, illacrimansque dixisse ›at hi quidem mortui iam sunt.‹ Non vero tam isti quam tu ipse, nugator; neque enim ex te umquam es nobilitatus, sed ex lateribus et lacertis tuis. Nihil Sextus Aelius tale, nihil multis annis ante Tiberius Coruncanius, nihil modo Publio Crassus, a quibus iura civibus praescribebantur; quorum usque ad extremum spiritum est provecta prudentia.

28. Orator metuo ne languescat senectute; est enim munus eius non ingeni solum, sed laterum etiam et virium. Omnino canorum illud in voce splendescit etiam nescio quo pacto in senectute; quod equidem adhuc non amisi, et videtis annos. Sed tamen est decorus seni sermo quietus et remissus, facitque persaepe ipsa sibi audientiam diserti senis compta et mitis oratio. Quam si ipse exsequi nequeas, possis

altersangemessenen Kraft tun. Was könnte erbärmlicher sein, als die Geschichte des Milon von Kroton?[31] Eines Tages, als er im Greisenalter die jungen Athleten auf der Rennstrecke üben sah, blickte er dem Vernehmen nach auf seine eigenen Muskeln hinab, weinte und sagte: »Ach, diese sind ja schon tot.« Aber nicht so tot, wie du selbst, du Tor! Denn dein Ruhm entsprang nie dir selbst, nur der Kraft deiner Schultern und Arme.

Da waren Sextus Aelius, Tiberius Coruncanius und später Publius Crassus gänzlich anders. Diese Männer lehrten ihre Mitbürger das Gesetz und blieben ihm bis zum letzten Atemzug als Experten verpflichtet.[32]

28. Ich fürchte allerdings, dass ein Redner im Alter etwas von seiner Wirksamkeit verliert, denn seine Fähigkeit hängt nicht nur von seinem Intellekt, sondern auch von seiner Lungen- und Körperkraft ab. Doch mit fortschreitendem Alter wird die Stimme heller, melodischer. Ich habe diese Fähigkeit noch nicht verloren, und ihr seht ja, wie alt ich bin. Die Kunst der Rede im Alter ist ruhig und gelassen, und oft kann die

tamen Scipioni praecipere et Laelio; quid enim est iucundius senectute stipata studiis iuventutis?

29. An ne tales quidem vires senectuti relinquemus, ut adulescentis doceat, instituat, ad omne offici munus instruat? Quo quidem opere quid potest esse praeclarius? Mihi vero et Gnaeus et Publius Scipiones et avi tui duo, Lucius Aemilius et Publius Africanus, comitatu nobilium iuvenum fortunati videbantur; nec ulli bonarum artium magistri non beati putandi, quamvis consenuerint vires atque defecerint; etsi ipsa ista defectio virium adulescentiae vitiis efficitur saepius quam senectutis: libidinosa enim et intemperans adulescentia effetum corpus tradit senectuti.

gemessene und elegante Stimme eines älteren Redners sich breiteres Gehör verschaffen. Selbst wenn jemand dazu nicht mehr imstande ist, dann kann er immer noch einen Scipio oder einen Laelius in der Kunst der Rede unterweisen!

29. Denn was kann vergnüglicher sein, als einen Greis zu sehen, der von begeisterten jungen Männern umringt wird? Sicherlich sind wir einer Meinung, dass alte Menschen zumindest die Kraft haben, die Jungen zu unterweisen und sie auf die zahllosen Pflichten des Lebens vorzubereiten. Welche Verantwortung könnte rühmlicher sein als diese? Wahrlich scheint es mir, Scipio, dass Gnaeus und Publius Scipio, ebenso wie eure beiden Großväter, Lucius Aemilius und Publius Africanus, sich in der Gesellschaft zahlreicher, edler, junger Männer sehr glücklich schätzten.[33]

Und niemand, der anderen die edlen Künste nahebringt, kann für unglücklich gehalten werden, auch wenn sein Körper schon altersschwach ist. Das Alter ist viel seltener für den Verlust an Körperkraft verantwortlich zu machen als die Exzesse aus Jugendtagen. Eine

30. Cyrus quidem apud Xenophontem, eo sermone quem moriens habuit, cum admodum senex esset, negat se umquam sensisse senectutem suam imbecilliorem factam quam adulescentia fuisset. Ego Lucium Metellum memini puer, qui cum quadriennio post alterum consulatum pontifex maximus factus esset, viginti et duos annos ei sacerdotio praefuit, ita bonis esse viribus extremo tempore aetatis, ut adulescentiam non requireret. Nihil necesse est mihi de me ipso dicere – quamquam est id quidem senile aetatique nostrae conceditur.

31. Videtisne ut apud Homerum saepissime Nestor de virtutibus suis praedicet? Iam enim tertiam aetatem hominum videbat; nec erat ei verendum ne vera praedicans de se nimis videretur aut insolens aut loquax. Etenim, ut ait Homerus, ›ex eius lingua melle dulcior fluebat oratio‹; quam ad suavitatem nullis egebat

wollüstige und ausschweifende Jugend führt im Alter zu einem ausgemergelten und erschöpften Körper.

30. Der greise Kyros erklärte Xenophon zufolge auf seinem Totenbett, dass er sich in späten Jahren niemals schwächer gefühlt habe als in der Jugend.[34]

Und ich erinnere mich, dass ich als Junge Lucius Metellus kennenlernte, der vier Jahre nach seinem zweiten Konsulat zum Hohepriester ernannt wurde und diese Stellung zweiundzwanzig Jahre lang innehatte.[35] Bis zum Ende seiner Tage war er so rüstig, dass er trotz seines extrem hohen Alters niemals den Verlust der Jugend spürte. Ich muss in diesem Zusammenhang wohl kaum auf mich selbst verweisen, obwohl Selbstlob ein Vorrecht des Alters ist.

31. Ihr wisst sicher, wie oft sich Nestor bei Homer seiner eigenen Vorzüge rühmte, nicht wahr?[36] Er hatte zu diesem Zeitpunkt schon drei Generationen von Männern erlebt, und doch fürchtete er nicht, für übertrieben geschwätzig oder eingebildet gehalten zu werden, wenn er die Wahrheit über sich selbst sagte. Oder wie

corporis viribus. Et tamen dux ille Graeciae nusquam optat ut Aiacis similes habeat decem, sed ut Nestoris; quod si sibi acciderit, non dubitat quin brevi sit Troia peritura.

32. Sed redeo ad me: quartum ago annum et octogesimum. Vellem equidem idem possem gloriari quod Cyrus; sed tamen hoc queo dicere, non me quidem eis esse viribus quibus aut miles bello Punico aut quaestor eodem bello aut consul in Hispania fuerim, aut quadriennio post cum tribunus militaris depugnavi apud Thermopylas Manio Acilio Glabrione consule; sed tamen ut vos videtis, non plane me enervavit, non adflixit senectus; non curia vires meas desiderat, non rostra, non amici, non clientes, non hospites. Nec enim umquam sum adsensus veteri illi laudatoque proverbio, quod monet mature fieri senem si diu velis senex esse; ego vero me minus diu senem esse mallem, quam

Homer es formulierte: »Worte, süßer als Honig, flossen ihm von der Zunge.«[37] Diese Süße hatte allerdings nichts mit seiner Körperkraft zu tun. Dennoch betete der griechische Heerführer Agamemnon niemals für zehn Männer wie Ajax, sondern für zehn wie Nestor.[38] Er zweifelte nicht daran, dass er mit ihrer Hilfe Troja schnell zu Fall bringen könnte.

32. Aber kommen wir wieder auf mich selbst zu sprechen. Ich bin jetzt vierundachtzig Jahre alt und wünschte, ich könnte das Gleiche über mich sagen wie Kyros. Aber Folgendes trifft auf jeden Fall zu: Ich habe nicht die gleiche Kraft, die ich besaß, als ich als junger Soldat in den Punischen Kriegen kämpfte oder als Quästor in den gleichen Krieg zog oder als Konsul und General in Spanien diente. Auch nicht die gleiche Kraft wie vier Jahre später, als ich unter dem Konsul Manius Glabrio als Militärtribun im Feldzug bei den Thermopylen kämpfte.[39] Dennoch ist für euch offensichtlich, dass das Alter mich weder gänzlich entkräftet noch gebeugt hat. Weder der Senat noch die öffentliche Versammlung noch meine Freunde, Ge-

esse senem antequam essem. Itaque nemo adhuc convenire me voluit cui fuerim occupatus.

33. At minus habeo virium quam vestrum utervis. Ne vos quidem Titi Ponti centurionis vires habetis; num idcirco est ille praestantior? Moderatio modo virium adsit, et tantum quantum potest quisque nitatur, ne ille non magno desiderio tenebitur virium. Olympiae per stadium ingressus esse Milo dicitur, cum umeris sustineret bovem: utrum igitur has corporis an Pythagorae tibi malis vires ingeni dari? Denique isto bono utare dum adsit, cum absit ne requiras; nisi forte adulescentes pueritiam, paululum aetate progressi adulescentiam debent requirere. Cursus est certus aetatis, et una via naturae eaque simplex; suaque cuique parti aetatis tempestivitas est data, ut et infirmitas puerorum, et ferocitas iuvenum, et gravitas iam

folgsleute oder Gäste vermissen meine Stärke. Nie stimmte ich in jenes alte und hochgelobte Sprichwort mit ein, das uns rät, früh zu altern, wenn wir lange alt sein wollen. Ich persönlich wäre viel lieber eine kürzere Zeitspanne lang alt, als zu bald zu altern. Deshalb habe ich niemals eine Verabredung mit jemandem verweigert, der sich mit mir treffen wollte.

33. Es ist wahr, dass ich nicht so stark bin wie ihr beiden, ihr wiederum besitzt nicht die Kraft eines Zenturio Titus Pontius.[40] Ist er dadurch ein besserer Mensch als ihr? Ein jeder soll die Stärken, die er besitzt, angemessen nutzen und danach streben, sie vernünftig einzusetzen. Dann wird er sich nicht mehr als unvollkommen empfinden. Man sagt, dass Milon mit einem Stier auf den Schultern durch das gesamte Olympische Stadion gelaufen sei. Aber wem gäbet ihr den Vorzug: der Körperkraft des Milon oder der Geisteskraft des Pythagoras? Kurz: Genießt den Segen körperlicher Stärke, solange ihr sie besitzt, aber trauert nicht, wenn sie dahinschwindet, genauso wenig wie ein Jüngling das Ende seiner Kindheit

constantis aetatis, et senectutis maturitas, naturale quiddam habeat quod suo tempore percipi debeat.

34. Audire te arbitror, Scipio, hospes tuus avitus Masinissa quae faciat hodie nonaginta natus annos; cum ingressus iter pedibus sit, in equum omnino non ascendere, cum autem equo, ex equo non descendere; nullo imbri, nullo frigore adduci ut capite operto sit, summam esse in eo siccitatem corporis; itaque omnia exsequi regis officia et munera. Potest igitur exercitatio et temperantia etiam in senectute conservare aliquid pristini roboris.
Non sunt in senectute vires? Ne postulantur quidem vires a senectute. Ergo et legibus et institutis vacat aetas nostra muneribus eis quae non possunt sine viribus sustineri, itaque non

betrauern sollte oder ein reifer Mann das Ende seiner Jugend. Der Lauf des Lebens lässt sich nicht verändern. Die Natur folgt nur einem einzigen Pfad, auf dem ihr nur ein einziges Mal dahinwandelt. Jede Phase des Lebens hat ihre eigenen, angemessenen Eigenschaften, Schwäche in der Kindheit, Kühnheit in der Jugend, Ernsthaftigkeit in mittleren Jahren und Reife im Alter. Dies sind die Früchte, die zu gegebener Zeit geerntet werden müssen.

34. Ich nehme an, Scipio, dass du gelegentlich Nachricht vom Freund und Gastgeber deines Großvaters, Masinissa, erhältst, der mittlerweile neunzig Jahre alt ist.[41] Wenn er eine Reise zu Fuß antritt, besteigt er niemals ein Pferd. Und wenn er sich auf dem Pferderücken auf den Weg macht, steigt er niemals ab. Er geht selbst in Regen und Kälte barhäuptig. Er ist in solch guter Verfassung, dass er immer noch sämtliche Pflichten und Geschäfte eines Königs persönlich verrichten kann. Das zeigt, wie ein Mann durch körperliche Ertüchtigung und Selbstdisziplin einiges von seiner ursprünglichen Kraft auch im Alter erhalten kann.

modo quod non possumus, sed ne quantum possumus quidem cogimur.

35. At multi ita sunt imbecilli senes, ut nullum offici aut omnino vitae munus exsequi possint. At id quidem non proprium senectutis vitium est, sed commune valetudinis. Quam fuit imbecillus Publius Africani filius, is qui te adoptavit, quam tenui aut nulla potius valetudine! Quod ni ita fuisset, alterum illud exstitisset lumen civitatis; ad paternam enim magnitudinem animi doctrina uberior accesserat. Quid mirium igitur in senibus, si infirmi sint aliquando, cum id ne adulescentes quidem effugere possint? Resistendum, Laeli et Scipio, senectuti est, eiusque vitia diligentia compensanda sunt, pugnandum

Gehen wir aber einmal davon aus, dass das Alter uns schwach macht, was spielt das schon für eine Rolle? Von älteren Menschen erwartet sowieso niemand, dass sie körperlich stark sind. Deshalb sprechen Gesetz und Sitte Männer meines Alters von öffentlichen Aufgaben frei, die Körperkraft erfordern. Man erwartet gar nicht von uns, Aufgaben zu erfüllen, zu denen wir nicht in der Lage sind, ja nicht einmal, diejenigen zu bewältigen, denen wir noch gewachsen sind.

35. Natürlich sind viele ältere Menschen kränklich, sodass sie nicht fähig sind, ihre normalen Pflichten zu erfüllen oder tatsächlich sogar jegliche Aufgaben, die das Leben von ihnen erfordert. Dennoch ist diese Unfähigkeit nicht auf das Alter zurückzuführen, sondern ein Charakteristikum schlechter Gesundheit im Allgemeinen. Erinnere dich, Scipio, an deinen Adoptivvater, den Sohn des Publius Africanus.[42] Er war von schwacher Gesundheit, oder besser von gar keiner Gesundheit. Wäre es nicht so gewesen, hätte auch er unser Vaterland zu Ruhm und Ehre verholfen, denn er besaß nicht nur

tamquam contra morbum, sic contra senectutem.

36. Habenda ratio valetudinis, utendum exercitationibus modicis, tantum cibi et potionis adhibendum ut reficiantur vires, non opprimantur. Nec vero corpori solum subveniendum est, sed menti atque animo multo magis; nam haec quoque, nisi tamquam lumini oleum instilles, exstinguuntur senectute; et corpora quidem exercitationum defatigatione ingravescunt, animi autem exercendo levantur. Nam quos ait Caecilius ›comicos stultos senes‹, hos significat credulos obliviosos dissolutos, quae vitia sunt non senectutis, sed inertis ignavae somniculosae senectutis. Ut petulantia, ut libido magis est adulescentium quam senum, nec tamen

den Mut seines Vaters, sondern zusätzlich auch noch eine erheblich umfassendere Gelehrsamkeit. Wenn also selbst Jünglinge gebrechlich sind, müssen wir uns nicht wundern, dass es uns Greisen zuweilen ebenfalls an Kraft fehlt.

Wir müssen, mein lieber Laelius und mein lieber Scipio, gegen das Alter ankämpfen. Wir müssen seine Schattenseiten durch beständige Fürsorge ausgleichen und seine Gebrechen wie eine Krankheit behandeln.

36. Das können wir bewerkstelligen, indem wir eine gesunde Lebensweise pflegen, uns moderat bewegen und gerade genug essen und trinken, um unseren Körper zu ernähren, ohne ihn übermäßig zu belasten. Und so sehr wir uns um unseren Leib kümmern müssen, noch mehr Aufmerksamkeit sollten wir unserem Geist und unserer Seele widmen. Denn sie sind wie Öllampen, deren Leuchten nachlässt, wenn sie keine Nahrung, kein Öl, mehr erhalten. Während Leibesübungen den Körper ermüden, macht geistige Aktivität den Verstand schärfer. Wenn der Dichter Caecilius von »alten Toren auf einer Komödienbühne« spricht, dann

omnium adulescentium sed non proborum, sic ista senilis stultitia quae deliratio appellari solet, senum levium est, non omnium.

37. Quattuor robustos filios, quinque filias, tantam domum, tantas clientelas, Appius regebat et caecus et senex; intentum enim animum tamquam arcum habebat, nec languescens succumbebat senectuti. Tenebat non modo auctoritatem, sed etiam imperium in suos: metuebant servi, verebantur liberi, carum omnes habebant; vigebat in illa domo mos patrius et disciplina.

meint er solche Männer, die leichtgläubig, vergesslich und faul sind, Eigenschaften, die nicht dem Alter im Allgemeinen zuzuschreiben sind, sondern nur jenen, die sich gehen ließen und deshalb träge, untätig und passiv wurden. So wie Mutwillen und Lust eher bei jungen Menschen als bei alten zu finden sind, so sind doch nicht alle Jungen davon befallen, sondern nur diejenigen, die einen schwachen Charakter haben. Das Gleiche gilt für die Albernheit des Alters, die wir als »Senilität« bezeichnen. Auch sie ist keineswegs für alle alten Menschen charakteristisch, sondern nur für jene, die schwach im Geiste und ohne Willenskraft sind.

37. Appius Claudius war alt und blind, und doch führte er einen Haushalt mit vier kräftigen Söhnen, fünf Töchtern, zahlreichen Dienstboten und vielen Schutzbefohlenen. Er überließ sich nicht träge dem Alter, sondern hielt seinen Geist gespannt wie einen Bogen. Er führte seinen Haushalt nicht nur, sondern regierte vielmehr darüber. Seine Sklaven fürchteten ihn, seine Kinder verehrten ihn, und allen war er lieb und teuer. Die Traditionen und die

38. Ita enim senectus honesta est, si se ipsa defendit, si ius suum retinet, si nemini emancipata est, si usque ad ultimum spiritum dominatur in suos. Ut enim adulescentem in quo est senile aliquid, sic senem in quo est aliquid adulescentis probo; quod qui sequitur corpore senex esse poterit, animo numquam erit. Septimus mihi liber Originum est in manibus; omnia antiquitatis monumenta colligo, causarum illustrium quascumque defendi nunc cum maxime conficio orationes, ius augurium, pontificium civile tracto; multumque etiam Graecis litteris utor, Pythagoreorumque more, exercendae memoriae gratia, quid quoque die dixerim, audierim egerim commemoro vesperi. Hae sunt exercitationes ingeni, haec curricula mentis; in his desudans atque elaborans corporis vires non magnopere desidero. Adsum amicis, venio in senatum frequens; ultroque adfero res multum et diu cogitatas, easque tueor animi, non corporis viribus. Quas si exsequi nequirem, tamen me lectulus meus oblectaret,

Disziplin seiner Vorväter blühten und gediehen in seinem Heim.

38. Denn das Alter wird nur dann respektiert, wenn es sich selbst verteidigt, für seine Rechte eintritt, sich niemandem fügt und bis zum letzten Atemzug über seinen Herrschaftsbereich verfügt. Genau wie ich einen jungen Mann mit einer gewissen Altersweisheit lobe, so lobe ich einen alten Mann, der Spuren der Jugend in sich trägt. Solch ein Mensch wird vielleicht körperlich alt, niemals aber geistig.

Ich halte nun das siebte Buch meiner *Origines* in Händen, in dem ich alle Berichte aus unserer frühesten Zeit sammele und die Reden zusammenstelle, die ich zu berühmten Fällen hielt.[43] Ich erforsche das Recht der Auguren, der Priester und das bürgerliche Recht. Außerdem widme ich den Studien der griechischen Literatur geraume Zeit. Und um mein Gedächtnis zu schulen, folge ich der Praxis der Pythagoreer und gehe im Geiste am Abend alles durch, was ich im Laufe des Tages gesagt, gehört oder getan habe. Das ist meine geistige Gymnastik, die Rennbahn meines Verstandes. Und da ich

ea ipsa cogitantem quae iam agere non possem. Sed ut possim facit acta vita; semper enim in his studiis laboribusque viventi, non intellegitur quando obrepat senectus; ita sensim sine sensu aetas senescit, nec subito frangitur, sed diuturnitate exstinguitur.

Schweiß und Mühe darauf verwende, vermisse ich meine frühere körperliche Stärke keineswegs. Außerdem gebe ich meinen Freunden juristischen Rat und wohne häufig den Zusammenkünften des Senats bei, wo ich Diskussionsgegenstände vorschlage und meine Meinung vertrete, nachdem ich lang und intensiv über die jeweiligen Themen nachgedacht habe.

All dies schaffe ich nicht durch die Stärke meines Körpers, sondern kraft meines Geistes. Und selbst wenn ich der Anstrengung nicht mehr gewachsen wäre, könnte ich dennoch auf meinem Ruhebett liegen und jene Tätigkeiten Revue passieren lassen, denen ich nicht mehr gewachsen bin. Die Tatsache, dass ich sie durchaus noch erledige, verdanke ich meinem früheren, eifrigen Lebensstil. Denn ein Mann, der sich sein Lebtag seinen Studien und einem aktiven Leben hingibt, bemerkt gar nicht, wie sich das Alter an ihn heranschleicht. Stattdessen gleitet er allmählich und mühelos in seine letzten Jahre hinein, wird vom Greisenalter nicht plötzlich übermannt, sondern erlischt in einem langen Zeitraum.

39. Sequitur tertia vituperatio senectutis, quod eam carere dicunt voluptatibus. O praeclarum munus aetatis, siquidem id aufert a nobis quod est in adulescentia vitiosissimum! Accipite enim, optimi adulescentes, veterem orationem Archytae Tarentini, magni in primis et praeclari viri, quae mihi tradita est cum essem adulescens Tarenti cum Quinto Maximo. Nullam capitaliorem pestem quam voluptatem corporis hominibus dicebat a natura datam, cuius voluptatis avidae libidines temere et ecfrenate ad potiendum incitarentur.

40. Hinc patriae proditiones, hinc rerum publicarum eversiones, hinc cum hostibus clandestina colloquia nasci; nullum denique scelus, nullum malum facinus esse, ad quod suscipiendum non libido voluptatis impelleret; stupra vero et adulteria et omne tale flagitium nullis

Die Freuden des Alters

39. Wir kommen nun zum dritten Einwand gegen das Älterwerden, dass die Freuden des Fleisches dahinschwinden. Ich behaupte sogar, dass es ein wahrhaft fürstliches Geschenk ist, wenn das Alter uns von dem zerstörerischsten Trieb der Jugend befreit.

Lauscht, meine edlen, jungen Freunde, den alten Worten des hervorragendsten und ehrwürdigsten Mannes, des Archytas von Tarent, von denen mir berichtet wurde, als ich als junger Soldat mit Quintus Maximus in eben jener Stadt diente.[44] Er sagte, dass das sexuelle Verlangen der schlimmste Fluch sei, mit dem die Natur den Menschen belegt habe. Daraus erwachsen Leidenschaften unkontrollierbarer und rücksichtsloser Lust, die nach Befriedigung suchen.

40. Daraus entspringen geheime Ränke mit Feinden, Hochverrat und der Sturz von Regierungen. Tatsächlich gibt es keine Untat, keine Skrupellosigkeit, die ein von der Lust getriebener Mann nicht zu begehen bereit ist. Unkontrollierte Sinnlichkeit treibt den Mann zu Verge-

excitari aliis illecebris nisi voluptatis; cumque homini sive natura sive quis deus nihil mente praestabilius dedisset, huic divino muneri ac dono nihil tam esse inimicum quam voluptatem.

41. Nec enim libidine dominante temperantiae locum esse, neque omnino in voluptatis regno virtutem posse consistere. Quod quo magis intellegi posset, fingere animo iubebat tanta incitatum aliquem voluptate corporis quanta percipi posset maxima; nemini censebat fore dubium, quin tamdiu dum ita gauderet, nihil agitare mente, nihil ratione, nihil cogitatione consequi posset. Quocirca nihil esse tam detestabile tamque pestiferum quam voluptatem, siquidem ea cum maior esset atque longinquior, omne animi lumen exstingueret. Haec cum Gaio Pontio Samnite, patre eius a quo Caudino proelio Sp. Postumius T. Veturius consules superati sunt, locutum Archytam, Nearchus Tarentinus hospes noster, qui in amicitia populi Romani permanserat, se a maioribus natu accepisse dicebat; cum quidem ei sermoni

waltigung, Ehebruch und jeder anderen Form der Unzucht. Und da die Natur oder vielleicht irgendein Gott der Menschheit keine größere Gabe als die Intelligenz gemacht hat, hat dieses göttliche Geschenk keinen größeren Feind als die ungezügelte Sinnlichkeit.

41. Wo die Lust regiert, hat Mäßigung keinen Platz. Und im Königreich der Maßlosigkeit ist kein Platz für Anstand.

»Stellt Euch nur einen Menschen vor«, fuhr Archytas fort, um seine Auffassung noch deutlicher zu machen, »der die wundervollsten sinnlichen Freuden erlebt. Niemand würde bezweifeln, dass ein Mann in diesem Zustand nicht in der Lage ist, seinen Verstand vernünftig zu gebrauchen. Daher ist nichts verabscheuungswürdiger oder schädlicher als das sinnliche Vergnügen. Wenn ein Mensch sich ihm zu häufig und zu lang hingibt, taucht es die Seele in vollkommene Dunkelheit.«

Nearchos, ein treuer Freund Roms, der mir Unterkunft in Tarent bot, berichtete mir, dass Archytas diese Worte der Tradition gemäß zu Gaius Pontius, dem Samniten und Vater jenes

interfuisset Plato Atheniensis, quem Tarentum venisse L. Camillo Ap. Claudio consulibus reperio.

42. Quorsus hoc? Ut intellegeretis, si voluptatem aspernari ratione et sapientia non possumus, magnam habendam esse senectuti gratiam, quae efficeret, ut id non liberet quod non operteret. Impedit enim consilium voluptas, rationi inimica est, mentis ut ita dicam, praestringit oculos, nec habet ullum cum virtute commercium. Invitus feci ut fortissimi viri Titi Flaminini fratrem Lucium Flamininum e senatu eicerem, septem annis postquam consul fuisset, sed notandam putavi libidinem: ille enim cum esset consul in Gallia, exoratus in convivio a scorto est, ut securi feriret aliquem eorum qui in vinculis essent, damnati rei capitalis. Hic Tito fratre suo censore (qui proximus

Mannes sprach, der die Konsuln Spurius Postumius und Titus Veturius in der Schlacht bei Caudium besiegte.[45]

Nearchos fügte hinzu, dass auch Platon aus Athen bei dieser Unterredung zugegen war und seine Worte hörte. Ich habe nachgeforscht und herausgefunden, dass Platon tatsächlich in Tarent weilte, als Lucius Camillus und Appius Claudius Konsuln waren.[46]

42. Warum also habe ich die Worte des Archytas zitiert? Um euch vor Augen zu führen, dass wir, wenn wir unsere wollüstigen Begierden nicht durch Vernunft und Weisheit in den Griff bekommen, dankbar sein sollten, dass uns das Alter jene Gelüste raubt, die so falsch sind. Denn derlei Empfindungen trüben unsere Urteilskraft, widersprechen der Vernunft, blenden gewissermaßen die Augen des Geistes und lassen keinen Raum für ein gut geführtes Leben.

Ich empfand es als unangenehme Pflicht, als ich einen Mann vom Senat ausschließen musste, der sieben Jahre zuvor sogar Konsul gewesen war, Lucius Flaminius, den Bruder des

ante me fuerat) elapsus est, mihi vero et Flacco neutiquam probari potuit tam flagitiosa et tam perdita libido, quae cum probro privato coniungeret imperi dedecus.

43. Saepe audivi a maioribus natu, qui se porro pueros a senibus audisse dicebant, mirari solitum Gaium Fabricium, quod cum apud regem Pyrrhum legatus esset, audisset a Thessalo Cinea esse quendam Athenis qui se sapientem profiteretur, eumque dicere omnia quae faceremus ad voluptatem esse referenda; quod ex eo audientis, Manium Curium et Tiberium Coruncanium optare solitos ut id Samnitibus

überaus ehrenwerten Titus Flaminius.[47] Aber ich war davon überzeugt, dass seine schändliche Lust dies notwendig machte. Denn zu seiner Zeit als Konsul in Gallien ließ er auf Ansinnen einer Dirne während eines Festmahls einen Mann hinrichten, der wegen eines Kapitalverbrechens in Haft saß. Während der Zeit, da sein Bruder Titus, mein unmittelbarer Vorgänger, Zensor war, war Lucius der Bestrafung entgangen. Aber Flaccus und ich konnten nicht zulassen, dass derlei abscheuliche und ungebührliche Leidenschaft ohne Konsequenzen blieb, insbesondere nicht, da sein empörendes Vergehen gegen einen Privatmann das Römische Reich entehrte.

43. Ich hörte häufig von den Älteren, die dies angeblich wiederum in Kindertagen ihrerseits von alten Männern zu hören bekamen, dass Gaius Fabricius mit Befremden auf eine Geschichte reagierte, die ihm von dem Thessalier Kineas berichtet wurde, während er als Gesandter bei König Pyrrhus weilte.[48] Kineas erklärte, dass es einen Athener gebe, der sich für weise halte und behaupte, dass alles, was

ipsique Pyrrho persuaderetur, quod facilius vinci possent cum se voluptatibus dedissent. Vixerat Manius Curius cum Publio Decio, qui quinquennio ante eum consulem se pro re publica quarto consulatu devoverat; norat eundem Fabricius, norat Coruncanius; qui cum ex sua vita, tum ex eius, quem dico Deci facto, iudicabant esse profecto aliquid natura pulchrum atque praeclarum, quod sua sponte peteretur, quodque spreta et contempta voluptate optimus quisque sequeretur.

44. Quorsus igitur tam multa de voluptate? Quia non modo vituperatio nulla sed etiam summa laus senectutis est, quod ea voluptates

wir tun, unserem eigenen Vergnügen dienen solle.[49] Als nun Manius Curius und Tiberius Coruncanius dies aus Fabricius' Mund vernahmen, antworteten sie, dass sie hofften, die Samniten und Pyrrhus selbst würden diese Lehren verinnerlichen, denn Menschen, die sich der Lust hingeben, seien leichter zu besiegen. Manius Curius war ein enger Freund des Publius Decius, der während seines vierten Konsulats (und fünf Jahre bevor Curius selbst Konsul wurde) sein Leben für sein Vaterland hingegeben hatte.[50] Fabricius und Coruncanius kannten ihn ebenfalls. Sie waren, wie sich anhand des Lebens, das sie führten, und insbesondere an Decius' letzter Tat zeigt, fest davon überzeugt, dass bestimmte Ziele im Leben von Natur aus gut und edel sind und um ihrer selbst willen verfolgt werden sollten. Sie glaubten, dass jeder anständige Mensch diese Ziele verfolgen und die Maßlosigkeit als verachtenswert ablehnen sollten.

44. Warum rede ich so viel über derlei Gelüste? Weil man Greisen, die nur wenig Freude an sinnlichen Vergnügungen haben, keineswegs ei-

nullas magnopere desiderat. Caret epulis extructisque mensis et frequentibus poculis; caret ergo etiam vinulentia et cruditate et insomniis. Sed si aliquid dandum est voluptati (quoniam eius blanditiis non facile resistimus; divine enim Plato escam malorum appellat voluptatam, quod ea videlicet homines capiantur ut pisces), quamquam immoderatis epulis caret senectus, modicis tamen coviviis delectari potest. Gaium Duellium Marci filium, qui Poenos classe primus devicerat, redeuntem a cena senem saepe videbam puer; delectabatur cereo funali et tibicine, quae sibi nullo exemplo privatus sumpserat; tantum licentiae dabat gloria.

nen Vorwurf machen, sondern sie sogar in den höchsten Tönen loben sollte. Das Alter kennt keine festlichen Gelage, keine sich unter der Last biegenden Tische, keine Weinkelche, die immer und immer wieder gefüllt werden, aber es kennt auch keine Trunkenheit, keine Verdauungsstörungen und keine schlaflosen Nächte!

Wenn wir aber schon akzeptieren müssen, dass man den Sinnenfreuden nur schwer widerstehen kann, »dem Köder des Bösen«, wie Platon es so brillant formulierte, in dessen Netz Männer gefangen werden wie Fische,[51] dann sollten wir meiner Ansicht nach dem Alter, in dem ungezügelte Gelage fehlen, mäßigere Freuden zugestehen. Als Kind beobachtete ich häufig, wie der alte Gaius Duilius, der Sohn des Marcus, der die Karthager als Erster in einer Seeschlacht besiegte, nach abendlichen Gelagen nach Hause ging.[52] Auf diesen kleinen Strecken ließ er sich gern von Fackelträgern und einem Flötenspieler begleiten. Vor ihm hatte sich noch kein Privatmann ein solches Vorrecht herausgenommen, aber sein Ruhm machte es ihm möglich.

45 Sed quid ego alios? Ad me ipsum iam revertar. Primum habui semper sodalis; sodalitates autem me quaestore constitutae sunt sacris Idaeis Magnae Matris acceptis. Epulabar igitur cum sodalibus, omnino modice, sed erat quidam fervor aetatis; qua progrediente omnia fiunt in dies mitiora; neque enim ipsorum conviviorum delectationem voluptatibus corporis magis quam coetu amicorum et sermonibus metiebar. Bene enim maiores accubitionem epularem amicorum, quia vitae coniunctionem haberet, convivium nominaverunt, melius quam Graeci, qui hoc idem tum compotationem tum concenationem vocant, ut quod in eo genere minimum est, id maxime probare videantur.

45. Aber warum spreche ich nur von anderen? Lasst mich erneut auf mich selbst zu sprechen kommen. Zum einen hatte ich stets meine festen Begleiter aus den Opferkultgesellschaften. Während meiner Zeit als Quästor entstanden in Rom viele dieser Gesellschaften zu Ehren der Großen Mutter, die den Ida-Opferkult pflegten.[53] Mit diesen Begleitern pflegte ich häufiger auf maßvolle Weise zu speisen, wenn auch damals mit dem für unsere Jugend entsprechenden Eifer, der im Laufe der Zeit nachließ. Aber nicht die Gaumenfreuden standen für mich im Vordergrund, sondern vielmehr das Zusammentreffen und die Unterhaltung mit meinen Freunden. Das Wort, das unsere Vorfahren für eine Mahlzeit mit Freunden benutzten, war *convivium*, was so viel heißt wie »zusammen leben«. Dieser Begriff beschreibt die Essenz einer gesellschaftlichen Zusammenkunft. Er trifft es damit viel eher als die Übersetzung ähnlicher Worte aus dem Griechischen, nämlich »zusammen trinken« oder »zusammen essen«. Letzte nämlich betonen, was bei diesen Zusammenkünften am unwichtigs-

46. Ego vero propter sermonis delectationem tempestivis quoque conviviis delector, nec cum aequalibus solum, qui pauci admodum restant, sed cum vestra etiam aetate atque vobiscum; habeoque senectuti magnam gratiam, quae mihi sermonis aviditatem auxit, potionis et cibi sustulit. Quod si quem etiam ista delectant (ne omnino bellum indixisse videar voluptati, cuius est fortasse quidam naturalis modus), non intellego ne in istis quidem ipsis voluptatibus carere sensu senectutem. Me vero et magisteria delectant a maioribus instituta, et is sermo qui more maiorum a summo adhibetur in poculo, et pocula sicut in Symposio Xenophontis est, minuta atque rorantia, et refrigeratio aestate et vicissim aut sol aut ignis hibernus. Quae quidem etiam in Sabinis persequi soleo, conviviumque vicinorum cotidie compleo, quod ad multam noctem quam maxime possumus vario sermone producimus.

ten ist, statt das hervorzuheben, was am wertvollsten ist.[54]

46. Da ich Unterhaltungen liebe, finde ich persönlich sogar besonderen Gefallen an Gesellschaften, die schon früh am Tag beginnen. Bei derlei Gelegenheiten unterhalte ich mich nicht nur mit meinen Altersgenossen, von denen nur noch wenige am Leben sind, sondern auch mit euch und euren jungen Freunden. Ich bin dem Alter so dankbar dafür, dass es meine Freude an der Unterhaltung gesteigert und meine Lust auf Essen und Trinken minimiert hat. Aber wenn einer von meinen älteren Freunden diese Dinge genießt, dann lasst mich an dieser Stelle betonen, dass ich nicht der Ansicht bin, dass Ältere sich derlei Vergnügen versagen sollten. Immerhin soll niemand denken, dass ich den Sinnenfreuden den Krieg erklärt hätte, denn ein gewisses Maß hat die Natur ja durchaus für uns Menschen vorgesehen.

Ich halte viel vom Brauch unserer Vorväter, einen Anführer bei derlei Gelagen zu bestimmen, der am Kopfende des Tisches sitzt und einen Trinkspruch ausbringt, sobald der

47. At non est voluptatum tanta quasi titillatio in senibus. Credo, sed ne desideratio quidem; nihil autem est molestum, quod non desideres. Bene Sophocles, cum ex eo quidem iam adfecto aetate quaereret, utereturne rebus veneriis, ›Di meliora!‹ inquit, ›libenter vero istinc sicut ab domino agresti ac furioso profugi.‹ Cupidis enim rerum talium odiosum fortasse et molestum est carere, satiatis vero et expletis iucundius est carere quam frui; quamquam non caret is qui non desiderat, ergo hoc non desiderare dico esse iucundius.

Wein serviert wird. Auch liebe ich die Kelche, wie sie in Xenophons *Symposium* beschrieben werden, klein und taufeucht und kühl und im Winter erwärmt vom Sonnenschein oder über dem Feuer.[55] Selbst wenn ich auf dem Land bei den Sabinern weile, nehme ich an derlei Versammlungen teil. Und wenn ich daheim bin, treffe ich mich täglich zu einer Mahlzeit mit meinen Nachbarn, bei der wir uns bis spät in die Nacht über alle möglichen Dinge unterhalten.

47. Aber natürlich werden einige jetzt einwenden, dass die Sinne der Alten nicht ganz so leicht zum Leben erweckt werden können wie die der Jungen. Das trifft zwar zu, aber die Alten sehnen sich auch nicht danach. Und etwas, das man sich nicht wünscht, kann einem auch keinen Kummer bereiten. Als alter Mann gab Sophokles jemandem, der ihn fragte, ob er sich immer noch am Sex erfreuen könne, eine hervorragende Antwort: »Gütige Götter, nein!«, rief er. »Diesem tyrannischen und gewalttätigen Herrn bin ich glücklicherweise entronnen.«[56]

48. Quod si istis ipsis voluptatibus bona aetas fruitur libentius, primum parvulis fruitur rebus ut diximus, deinde eis quibus senectus etiamsi non abunde potitur, non omnino caret. Ut Turpione Ambivio magis delectatur qui in prima cavea spectat, delectatur tamen etiam qui in ultima, sic adulescentia voluptates propter intuens magis fortasse laetatur, sed delectatur etiam senectus procul eas spectans tantum quantum sat est.

Für jene, die sich nach derlei Sinnenfreuden verzehren, ist es wahrscheinlich ärgerlich, sie nicht befriedigt zu wissen. Aber wer gesättigt, wessen Gelüste befriedigt sind, empfindet die Entbehrung als angenehmer als den Genuss. Wenn man sich nach etwas nicht sehnt, vermisst man es auch nicht. Deshalb behaupte ich, dass die Abwesenheit des Verlangens durchaus angenehm ist.

48. Aber angesichts des Umstandes, dass junge Menschen die Freuden des Fleisches mehr genießen als die alten, muss ich auf zwei Punkte hinweisen. Zum einen spielen diese Formen der Sinnenfreuden, wie bereits mehrfach ausgeführt, keine große Rolle mehr. Zum zweiten fehlen derlei Freuden im Alter keineswegs völlig. Das Schauspiel des Ambivius Turpio erfreute die Zuhörer in den vorderen Reihen seines Theaters sicherlich mehr als diejenigen, die hinten saßen, trotzdem war es für Letztere immer noch eine gute Vorstellung.[57] Genauso ist es mit der Wollust: Junge Menschen genießen den Sex mehr als die Alten, aber Letztere können ihm immer noch einiges

49. At illi quanti est, animum tamquam emeritis stipendiis libidinis, ambitionis, contentionis, inimicitiarum, cupiditatum omnium, secum esse secumque ut dicitur vivere! Si vero habet aliquod tamquam pabulum studi atque doctrinae, nihil est otiosa senectute iucundius. Videbamus in studio dimetiendi paene caeli atque terrae Gaium Galum, familiarem patris tui, Scipio. Quotiens illum lux, noctu aliquid describere ingressum, quotiens nox oppressit cum mane coepisset! Quam delectabat eum defectiones solis et lunae multo ante nobis praedicere!

50. Quid in levioribus studiis, sed tamen acutis, quam gaudebat Bello suo Punico Naevius, quam Truculento Plautus, quam Pseudolo?

abgewinnen, indem sie ihn aus der Ferne beobachten.

49. Wie wunderbar ist es für die Seele, wenn derlei Schlachten nach so vielen Scharmützeln mit Lust, Ehrgeiz, Streit, Zwietracht und anderen Leidenschaften endlich geschlagen sind, und sie sozusagen wieder bei sich sein kann. Im Leben gibt es keine größere Befriedigung, als ein geruhsames Alter, das dem Wissen und Studium geweiht ist. Mein lieber Scipio, früher beobachtete ich häufig den Freund deines Vaters, Gaius Gallus, der gewissermaßen Himmel und Erde zu vermessen gedachte. Wie oft wurde er bei der Arbeit an irgendeiner Karte, die er am Abend zuvor begonnen hatte, von der Morgensonne überrascht. Und wie oft brach die Nacht über ihn herein, während er über einer Aufgabe saß, die er im Morgengrauen begonnen hatte. Wie sehr erfreute er sich daran, uns eine Sonnen- oder Mondfinsternis anzukündigen, noch bevor sie überhaupt eintrat!

50. Und dann dürfen wir nicht die anderen vergessen, die sich zwar leichteren, aber darum keineswegs weniger anspruchsvollen Auf-

Vidi etiam senem Livium, qui cum sex aniis antequam ego natus sum fabulam docuisset Centone Tuditanoque consulibus, usque ad adulescentiam meam processit aetate. Quid de Publi Licini Crassi et pontifici et civilis iuris studio loquar, aut de huius Publi Scipionis qui his paucis diebus pontifex maximus factus est? Atque eos omnes quos commemoravi, his studiis flagrantis senes vidimus; Marcum vero Cethegum, quem recte ›Suadae medullam‹ dixit Ennius, quanto studio exerceri in dicendo videbamus etiam senem! Quae sunt igitur epularum aut ludorum aut scortorum voluptates cum his voluptatibus comparandae?

Atque haec quidem studia doctrinae quae quidem prudentibus et bene institutis pariter cum aetate crescunt, ut honestum illud Solonis sit, quod ait versiculo quodam ut ante dixi, senescere se multa in dies addiscentem, qua voluptate animi nulla certe potest esse maior.

gaben widmen. Wie sehr freute sich Naevius über seinen *Punischen Krieg* und Plautus über seinen *Truculentus* (der Wilde) und seinen *Pseudolus* (der Betrüger).[58] Ich selbst kannte noch den Livius Andronicus, als er schon ein Greis war.[59] Er veröffentlichte sechs Jahre vor meiner Geburt, als Cento und Tuditanus Konsuln waren, ein Schauspiel, doch lebte er noch bis in mein eigenes Jünglingsalter weiter.[60] Und ich brauche auch nicht nochmals das Beispiel des Publius Licinius Crassus anführen, der das religiöse und zivile Recht studierte, oder das des Publius Scipio, der erst vor wenigen Tagen zum Oberpriester gewählt wurde.[61] Ich habe erlebt, dass diese Männer auch im Alter immer noch voller Begeisterung ihrer Berufung nachgingen. Hinzu kommt Marcus Cethegus, den Ennius so treffend als Meister der Überredungskunst beschrieb.[62] Ich selbst habe noch erlebt, wie er noch als alter Mann mit Feuereifer seine Reden hielt.

Wer könnte auf die Idee kommen, die Freuden eines Festgelages oder die Freuden von Spielen oder die des Bordells mit dem zu ver-

51. Venio nunc ad voluptates agricolarum, quibus ego incredibiliter delector; quae nec ulla impediuntur senectute, et mihi ad sapientis vitam proxime videntur accedere. Habent enim rationem cum terra, quae numquam recusat impendium, nec umquam sine usura reddit quod accepit, sed alias minore, plerumque maiore cum faenore. Quamquam me quidem non fructus modo, sed etiam ipsius terrae vis ac natura delectat; quae cum gremio mollito ac subacto sparsum semen excepit, primum id occaecatum cohibet, ex quo occatio quae hoc efficit nominata est, dein tepefactum vapore

gleichen, was diese Männer erlebten? Sie besaßen eine Leidenschaft fürs Lernen, eine Leidenschaft, die bei vernünftigen und gebildeten Menschen im Laufe der Jahre zunimmt. Es ist also etwas Wahres an Solons Ausspruch, den ich vorhin schon zitierte, dass er mit jedem Tag seines Alterns noch etwas hinzulerne. Das Vergnügen des Geistes ist auf jeden Fall das größte.

Die Freuden des Landlebens

51. Beim Thema Vergnügen muss ich auch auf die Landwirtschaft zu sprechen kommen, die mir selbst sehr große Freude bereitet. Die Freude am Anbauen und Wachstum der Pflanzen geht im Alter keineswegs verloren, und auch der Weise vermag dies zu genießen. Die Bebauung des Landes ist wie ein Bankkonto, das keine Ernte verweigert und das, was es empfangen hat, immer mit Zinsen zurückgibt, manchmal nur mit geringen Zinsen, manchmal mit hohen.

Was mich daran besonders erfreut, sind nicht nur die Feldfrüchte, sondern auch die

et compressu suo diffundit et elicit herbescentem ex eo viriditatem; quae nixa fibris stirpium sensim adulescit, culmoque erecta geniculato vaginis iam quasi pubescens includitur; ex quibus cum emersit, fundit frugem spici ordine exstructam, et contra avium minorum morsus munitur vallo aristarum.

52. Quid ego vitium ortus satus incrementa commemorem? Satiari delectatione non possum (ut meae senectutis requiem oblectamentumque noscatis): omitto enim vim ipsam omnium quae generantur e terra, quae e fici tantulo grano aut ex acini vinaceo aut ex ceterarum frugum aut stirpium minutissimis seminibus tantos truncos ramosque procreet; malleoli plantae sarmenta viviradices propagi-

Macht und Natur der Erde selbst. Sie empfängt den Samen, der in ihren weichen und aufgelockerten Schoß gestreut wird, und eine Zeit lang bleibt der Samen in ihr verborgen, auf Lateinisch *occaecatum*, abgeleitet von unserem Begriff *occatio*.[63] In der feuchten Wärme ihrer Umarmung wird der Samen größer und bringt einen grünen und saftigen Halm hervor. Durch seine faserigen Wurzeln wächst und reift dieser, bis er schließlich aufrecht als Stängel emporsprießt. Nun hat er sein Jünglingsstadium erreicht; er wird größer, bis eine Kornähre ans Licht kommt, in geordneten Reihen und mit einem Schutzwall aus Stacheln, damit kleine Vögel nicht daran picken.

52. Lasst mich auch die Weinstöcke erwähnen, ihre Entstehung, ihre Saat und ihr Wachstum. Ich versichere euch, dass die Pflege der Weinstöcke Freude und Jungbrunnen meines Alters sind. Ich kann einfach nicht genug davon bekommen. Ich kann nicht umhin, auf die Kraft einzugehen, die sämtlichen Dingen innewohnt, die die Erde hervorbringt, wie aus einem kleinen Feigensamen oder Traubenkern

nes, nonne ea efficiunt ut quemvis cum admiratione delectent? Vitis quidem, quae natura caduca est et nisi fulta est fertur ad terram, eadem ut se erigat claviculis suis quicquid est nacta complectitur; quam serpentem multiplici lapsu et erratico, ferro amputans coercet ars agricolarum, ne silvescat sarmentis et in omnes partes nimia fundatur.

53. Itaque ineunte vere in eis quae relicta est exsistit tamquam ad articulos sarmentorum, ea quae gemma dicitur; ex qua oriens uva se ostendit, quae et suco terrae et calore solis augescens, primo est peracerba gustatu, deinde maturata dulcescit, vestitaque pampinis nec modico tepore caret et nimios solis defendit ardores. Qua quid potest esse cum fructu laetius, tum aspectu pulchrius? Cuius quidem non utilitas me solum ut ante dixi, sed etiam cultura et natura ipsa delectat – adminiculorum ordines, capitum iugatio, religatio et propagatio vitium,

oder aus dem kleinsten Samen jeder anderen Frucht oder Pflanze dicke Stämme und Zweige wachsen können. Denkt doch nur an die jungen Triebe, die Zweige, die Stecklinge, die Ableger, erfüllt das nicht das Herz eines jeden mit Bewunderung? Weinstöcke neigen von Natur aus dazu, zu Boden zu sinken, weshalb man sie stützt. Prompt erheben sie ihre Ranken wie Hände zum Himmel. Sie winden und drehen sich auf jede erdenkliche Weise, bis das Gartenmesser des Weinbauern sie beschneidet, damit sie nicht verholzen und sich zu sehr ausbreiten.

53. Mit der Ankunft des Frühlings sprießt am Scheitelpunkt der Zweige, die am Weinstock verblieben sind, eine Knospe, die sich im Laufe der Zeit zur Traube entwickelt. Zunächst sind die Früchte bitter, aber schon bald reifen sie durch die Feuchtigkeit der Erde und die Wärme der Sonne, und umschlungen von Blättern, die ihnen leichte Wärme schenken und vor den sengenden Strahlen der Sonne schützen, schmecken sie plötzlich süß. Was könnte für den Geschmackssinn verführerischer sein, was für das Auge angenehmer?

sarmentorum ea quam dixi aliorum amputatio, aliorum immissio. Quid ego irrigationes, quid fossiones agri repastinationesque proferam, quibus fit multo terra fecundior?

54. Quid de utilitate loquar stercorandi? Dixi in eo libro quem de rebus rusticis scripsi; de qua doctus Hesiodus ne verbum quidem fecit, cum de cultura agri scriberet; at Homerus, qui multis ut mihi videtur ante saeculis fuit, Laetam lenientem desiderium quod capiebat e filio, colentem agrum et eum stercorantem facit. Nec vero segetibus solum et pratis et vineis et arbustis res rusticae laetae sunt, sed hortis etiam

Nun ist es aber keineswegs nur die Nützlichkeit des Weinstocks, die mich beglückt. Wie bereits erwähnt, sind seine Pflege und seine Beschaffenheit ebenfalls ein Quell der Freude für mich. Die Reihen der Stützen, die Ranken, die sich zu Spalieren zusammenfinden, das Zusammenbinden der Zweige, die Ableger, das Beschneiden einiger Triebe, während andere Rebstöcke sich wiederum frei entfalten dürfen.

Ich brauche gar nicht die Bewässerung und das Harken der Erde erwähnen, die das Land fruchtbarer machen, auch nicht die Nützlichkeit des Düngers. Das alles könnt ihr in meinem Buch über die Landwirtschaft selbst nachlesen.[64]

54. Selbst der gelehrte Hesiod erwähnte davon nichts, obwohl er eine Abhandlung über die Landwirtschaft schrieb.[65] Aber Homer, der meines Wissens viele Generationen früher lebte, bezeugt, dass Odysseus' Vater Laertes seinen Kummer über die Abwesenheit seines Sohnes dadurch linderte, dass er sein Land bewirtschaftete und düngte.[66]

et pomariis; tum pecudum pastu, apium examinibus, florum omnium varietate; nec consitiones modo delectant, sed etiam insitiones, quibus nihil invenit agri cultura sollertius.

55. Possum persequi permulta oblectamenta rerum rusticarum, sed ea ipsa quae dixi sentio fuisse longiora; ignoscetis autem, nam et studio rerum rusticarum provectus sum, et senectus est natura loquacior – ne ab omnibus eam vitiis videar vindicare. Ergo in hac vita Manius Curius, cum de Samnitibus, de Sabinis, de Pyrrho triumphasset, consumpsit extremum tempus aetatis; cuius quidem ego villam contemplans – abest enim non longe a me – admirari satis non possum vel hominis ipsius continentiam vel temporum disciplinam.

Der Landmann genießt zudem auch seine Felder, seine Wiesen, Rebstöcke und Waldgebiete, seine Gärten und Obstplantagen, seine Viehweiden, die Bienenschwärme und alle Arten von Blumen. Auch das Anpflanzen ist ihm eine Freude, ebenso wie das Veredeln durch Aufpfropfen, eine der genialsten Erfindungen der Landwirtschaft.

55. Ich könnte über den Zauber der Landarbeit noch lange weiter fortfahren, obwohl ich jetzt schon viel zu viel gesagt habe. Aber vergebt mir, wenn ich trotzdem nicht aufhöre, denn meine Begeisterung für das Landleben übermannt mich förmlich. Außerdem sind alte Menschen von Natur aus geschwätzig, ich will ihnen ja nicht sämtliche Fehler absprechen.

Man sagt, dass Manius Curius nach seinem Triumph über die Samniten, die Sabiner und Pyrrhus den Rest seines Lebens mit dem Bebauen seines Landes verbrachte. Und wenn ich mir jetzt sein Landhaus betrachte, das nicht weit von meinem eigenen entfernt liegt, kann ich die Genügsamkeit dieses Mannes oder die Disziplin und Sittlichkeit seiner Zeit nur bewundern.

56. Curio ad focum sedenti magnum auri pondus Samnites cum attulissent, repudiati sunt; non enim aurum habere praeclarum sibi videri dixit, sed eis qui haberent aurum imperare. Poteratne tantus animus efficere non iucundam senctutem? Sed venio ad agricolas, ne a me ipso recedam: in agris erant tum senatores, id est senes, siquidem aranti Lucio Quinctio Cincinnato nuntiatum est eum dictatorem esse factum; cuius dictatoris iussu magister equitum Gaius Servilius Ahala Spurium Maelium regnum appetentem occupatum interemit. A villa in senatum arcessebatur et Curius et ceteri senes, ex quo qui eos arcessebant viatores nominati sunt. Num igitur horum senectus miserabilis fuit, qui se agri cultione oblectabant? Mea quidem sententia haud scio an nulla beatior possit esse: neque solum officio, quod hominum generi universo cultura agrorum est salutaris, sed et delectatione qua dixi, et saturitate copiaque rerum omnium quae ad victum hominum, ad cultum etiam deorum pertinent; ut quoniam haec quidem desiderant, in gratiam iam cum voluptate redeamus. Semper enim

56. Einst, als er an seinem Feuer saß, brachten ihm ein paar Samniten eine große Menge Gold. Aber er wies das Geschenk zurück und antwortete, dass es ihm weniger rühmlich erschien, Gold zu besitzen, als über jene zu herrschen, denen es gehöre. Ein Mann mit einer solch großen Seele hat im Alter gewiss sein Glück gefunden.

Aber damit ich nicht zu weit abschweife, will ich zu meinen Landmännern zurückkehren. In früheren Tagen waren die Senatoren (also die »senes«, die »Älteren«) Landwirte, zumindest wenn die Geschichte stimmt, dass Lucius Quinctius Cincinnatus gerade hinter dem Pflug stand, als man ihn zum Diktator ausrief. Auf Befehl des Cincinnatus ergriff Gaius Servilius Ahala, sein Oberstallmeister, den Spurius Maelius und tötete ihn, weil Letzterer versucht hatte, die Königswürde an sich zu reißen.[67] Von ihren weit entlegenen Landhäusern wurden Curius und die anderen Älteren in den Senat gebeten. Deshalb nannte man die Boten, die zu ihnen ausgesandt wurden, auch *viatores* – »Reisende«.

boni assiduique domini referta cella vinaria, olearia, etiam penaria est, villaque tota locuples est, abundat porco haedo agno gallina lacte caseo melle. Iam hortum ipsi agricolae succidiam alteram appellant; conditiora facit haec supervacaneis etiam operis aucupium atque venatio.

Es ist unwahrscheinlich, dass Männer, die ihre Freude an der Bearbeitung des Landes hatten, im Alter unglücklich waren. Ich persönlich bin überzeugt, dass kein Leben glücklicher sein kann als das eines Landmannes, nicht nur weil man damit der gesamten Menschheit einen Dienst erweist, sondern auch wegen der Freuden, die ich vorher beschrieben habe und wegen der Fülle an allem, was man zum Dienst an den Göttern und zur Ernährung der Menschen benötigt.

Mir ist bewusst, dass einige Menschen sehr um ihre materiellen Güter besorgt sind. Ich hoffe, dass die Erwähnung des Überflusses mich wieder mit ihnen aussöhnt. Denn die Lagerräume und Keller des Bauern, der vorausschauend wirtschaftet und hart arbeitet, sind immer voller Wein, Öl und Vorräte. Sein ganzes Gut ist reichlich versorgt. In den Räumen lagert eine Fülle an Schweine- und Ziegenfleisch, Lamm, Geflügel, Milch, Käse und Honig. Und dann verfügt der Landmann auch noch über einen eigenen Garten, den er als »zweite Speckseite« bezeichnet. Seine Freizeit versüßt er sich mit

57. Quid de pratorum viriditate aut arborum ordinibus aut vinearum olivetorumve specie plura dicamus? Brevi praecidam: agro bene culto nihil potest esse nec usu uberius nec specie ornatius; ad quem fruendum non modo non retardat verum etiam invitat atque adlectat senectus. Ubi enim potest illa aetas aut calescere vel apricatione melius vel igni, aut vicissim umbris aquisve refrigerari salubrius?

58. Sibi habeant igitur arma, sibi equos, sibi hastas, sibi clavam et pilam, sibi venationes atque cursus, nobis senibus ex lusionibus multis talos relinquant et tesseras – id ipsum ut libebit, quoniam sine eis beata esse senectus potest.

Aktivitäten wie der Vogelbeobachtung und der Jagd.

57. Warum soll ich lang und breit über die grünen Weiden, die geordneten Baumreihen, die Schönheit der Rebstöcke und Olivenhaine reden? Ich fasse mich lieber kurz. Nirgends herrschen mehr Überfluss, Nutzen und Schönheit als auf einem gut geführten Landgut. Das Alter behindert das Vergnügen daran nicht, sondern steigert es im Gegenteil sogar noch. Denn wo sonst auf der Welt kann sich ein alter Mann im Sonnenschein oder am Herdfeuer besser aufwärmen? Oder wo sonst kann er sich im Sommer auf gesündere Weise im Schatten oder in einem fließenden Gewässer abkühlen?

58. Sollen doch die Jungen sich mit Waffenübungen, Pferden, Speeren, Schwertern, Bällen abgeben oder sich in Schwimm- oder Laufwettbewerben miteinander messen. Überlasst uns Alten unseren Würfel- und Knöchelspielen. Oder nehmt uns auch diese, wenn ihr wollt. Im Greisenalter kann man auch ohne das glücklich sein.

59. Multas ad res perutiles Xenophontis libri sunt, quos legite quaeso studiose, ut facitis. Quam copiose ab eo agricultura laudatur in eo libro qui est de tuenda re familiari, qui Oeconomicus inscribitur! Atque ut intellegatis nihil ei tam regale videri quam studium agri colendi, Socrates in eo libro loquitur cum Critobulo, Cyrum minorem, Persarum regem praestantem ingenio atque imperi gloria, cum Lysander Lacedaemonius, vir summae virtutis, venisset ad eum Sardis eique dona a sociis adtulisset, et ceteris in rebus communem erga Lysandrum atque humanum fuisse, et ei quendam consaeptum agrum diligenter consitum ostendisse; cum autem admiraretur Lysander et proceritates arborum et derectos in quincuncem ordines et humum subactam atque puram et suavitatem odorum qui adflarentur e floribus, tum eum dixisse mirari se non modo diligentiam sed etiam sollertiam eius a quo essent illa dimensa atque discripta; et Cyrum respondisse: ›Atqui ego ista sum omnia dimensus, mei sunt ordines, mea descriptio, multae etiam istarum arborum mea manu sunt satae.‹ Tum Lysandrum, intuentem

59. Die Schriften des Xenophon sind in vielerlei Hinsicht informativ, und ich empfehle euch, sie sorgfältig zu studieren, was ihr, wie ich weiß, ja schon tut. Wie sehr lobt er in seinem Buch über die Haushaltsführung die Landwirtschaft. Um euch zu zeigen, dass Xenophon die Landwirtschaft als Königsdisziplin erachtete, will ich euch eine Geschichte aus seinem Buch rezitieren, in der er Socrates ein Zwiegespräch mit Kritobolus führen lässt.[68]

Kyros der Jüngere, ein persischer Prinz, der für seine außergewöhnliche Intelligenz und seine ruhmreiche Herrschaft bekannt war, erhielt in Sardes Besuch von dem Spartaner Lysander, einem sehr tugendhaften Mann.[69] Er war mit Geschenken von ihren Verbündeten nach Sardes gekommen. Eine der Höflichkeiten, die Kyros seinem Gast erwies, war die Besichtigung eines sorgsam bepflanzten Gartens. Lysander lobte die Alleen aus stattlichen, in Fünferreihen gruppierten Bäumen, die sauberen und gut durchgeharkten Beete und den süßen Duft der Blumen. Der Spartaner fügte hinzu, dass ihm nicht nur die harte Arbeit imponierte, die die-

purpuram eius et nitorem corporis ornatumque Persicum multo auro multisque gemmis, dixisse; ›Recte vero te Cyre beatum ferunt, quoniam virtuti tuae fortuna coniuncta est.‹

60. Hac igitur fortuna frui licet senibus, nec aetas impedit quominus et ceterarum rerum et in primis agri colendi studia teneamus usque ad ultimum tempus senectutis; Maecum quidem Valerium Corvinum accepimus ad centesimum annum perduxisse, cum esset acta iam aetate in agris eosque coleret; cuius inter primum et sextum consulatum sex et quadraginta anni interfuerunt; ita quantum spatium aetatis maiores ad senectutis initium esse voluerunt,

sen Park möglich gemacht hatte, sondern auch die Genialität der Planung. »Ich selbst habe diesen Garten entworfen«, antwortete Kyros. »Die Reihen sind von mir, das Arrangement ist von mir, und viele der Bäume habe ich mit eigenen Händen gepflanzt.« Nachdem er Kyros' purpurnes Gewand, die schimmernde Schönheit seiner Erscheinung, das Gold und die vielen kostbaren Edelsteine betrachtet hatte, mit denen seine persischen Gewänder verziert waren, erklärte Lysander: »Die Menschen haben recht, wenn sie Euch glücklich nennen, Kyros. Ihr seid nicht nur vom Schicksal begünstigt, sondern auch ein sehr tugendhafter Mann.«

60. Das große Glück, Dinge anzupflanzen und wachsen zu sehen, ist etwas, das jeder alte Mensch genießen kann. Wir können sogar bis zum Ende unserer Tage die Erde beackern. Ein gutes Beispiel ist das Geschick des Valerius Corvinus, der in fortgeschrittenem Alter noch auf seinem Gut arbeitete und sogar hundert Jahre alt wurde.[70] Zwischen seinem ersten und seinem sechsten Konsulat lagen sechsundvierzig Jahre mit anderen Worten jene Zeitspanne,

tantus illi cursus honorum fuit; atque huius extrema aetas hoc beatior quam media, quod auctoritatis habebat plus, laboris minus. Apex est autem senectutis auctoritas.

61. Quanta fuit in Lucio Caecilio Metello, quanta in Aulo Atilio Caiatino! in quem illud elogium:

> Hunc unum plurimae consentiunt gentes
> populi primarium fuisse virum.

Notum est enim totum carmen incisum in sepulcro; iure igitur gravis, cuius de laudibus omnium esset fama consentiens. Quem virum nuper Publium Crassum pontificem maximum, quem postea Marcum Lepidum eodem sacerdotio praeditum, vidimus! Quid de Paulo aut Africano loquar, aut ut iam ante de Maximo? quorum non in sententia solum sed etiam in nutu residebat auctoritas. Habet senectus

von der unsere Vorfahren glaubten, dass sie das Erwachsenenleben eines Mannes umfasst, bis sein Greisenalter beginnt. Der letzte Teil seines Lebens war glücklicher als der vorherige, denn sein Einfluss war größer, und er hatte weniger Aufgaben.

Die Ehren des Greisenalters

61. Die Krone des Alters ist der Respekt. Großer Respekt wurde dem Lucius Caecilius Metellus, ebenso wie dem Aulus Atilius Caiatinus gezollt.[71] Seine Grabinschrift lautet:

> Alle Nationen stimmen darin überein, dass
> dieser Mann
> der edelste seines Volkes war.

Aber der Spruch, der in seinen Grabstein gemeißelt wurde, ist euch ja bekannt. Die allgemeine Würdigung seiner guten Eigenschaften ist ein Zeichen für seinen Einfluss. Was für großartige Männer waren auch der Oberpriester Publius Crassus und sein Nachfolger Marcus Lepidus![72] Und was soll ich über Paullus

honorata praesertim tantam auctoritatem ut ea pluris sit quam omnes adulescentiae voluptates.

62. Sed in omni oratione mementote eam me senectutem laudare, quae fundamentis adulescentiae constituta sit. Ex quo efficitur id quod ego magno quondam cum assensu omnium dixi, miseram esse senectutem quae se oratione defenderet; non cani nec rugae repente auctoritatem adripere possunt, sed honeste acta superior aetas fructus capit auctoritatis extremos.

63. Haec enim ipsa sunt honorabilia quae videntur levia atque communia, salutari appeti decedi adsurgi deduci reduci consuli; quae et apud nos et in aliis civitatibus, ut quaeque optime morata est, ita diligentissime observantur.

und Africanus und Maximus berichten, die ich bereits erwähnte? Diese Männer strahlten Autorität aus, und zwar nicht nur in dem, was sie sagten, sondern schon durch ein bloßes Kopfnicken. Sicherlich ist der Respekt, der dem Alter gezollt wird und der von öffentlichen Ehrenbezeugungen gekrönt wird, befriedigender als sämtliche Sinnenfreuden der Jugend.

62. Aber bitte denkt daran, dass ich im Rahmen dieser ganzen Diskussion nur das Lob eines Alters singe, für das in der Jugend der Grundstein gelegt wurde. Daraus folgt, wie ich einst mit der Billigung aller, die mich hörten, sagte, dass das Alter, das sich allein mit Worten verteidigen muss, nicht zu beneiden ist. Respekt kann man nicht verlangen, nur weil man Falten und graues Haar hat. Nur wer die jungen Jahre gut gelebt hat, kann im Alter die Früchte der Bewunderung ernten.

63. Wenn es schließlich dazu kommt, erscheinen einem die Zeichen des Respekts zu Anfang vielleicht unwichtig oder sogar trivial, morgendliche Besuche, Menschen, die die Gesellschaft des Greises suchen, die ihm Platz ma-

Lysandrum Lacedaemonium (cuius modo feci mentionem) dicere aiunt solitum, Lacedaemonem esse honestissimum domicilium senectutis: nusquam enim tantum tribuitur aetati, nusquam est senectus honoratior. Quin etiam memoriae proditum est, cum Athenis ludis quidam in theatrum grandis natu venisset magno consessu, locum nusquam ei datum a suis civibus; cum autem ad Lacedaemonios accessisset, qui legati cum essent certo in loco consederant, consurrexisse omnes illi dicuntur et senem sessum recepisse.

64. Quibus cum a cuncto consessu plausus esset multiplex datus, dixisse ex eis quendam, Atheniensis scire quae recta essent, sed facere nolle. Multa in nostro collegio praeclara, sed hoc de quo agimus in primis, quod ut quisque aetate antecedit, ita sententiae principatum

chen oder sich erheben, wenn er sich nähert, solche, die ihn ins Forum hinein und wieder hinausbegleiten, solche, die ihn um Rat fragen. Wir Römer sind bei derlei Höflichkeiten sehr gewissenhaft wie alle zivilisierten Völker.

Es wird berichtet, dass Lysander von Sparta, von dem ich zuvor schon sprach, gern sagte, dass seine Stadt der beste Ort für die Älteren sei, da seine Heimat sie mit größerem Respekt und größerer Ehrerbietung behandele, als es anderswo der Fall sei. Folgende Geschichte ist überliefert: Einst besuchte in Athen ein alter Mann ein überfülltes Theater, um sich ein Schauspiel anzusehen, doch keiner seiner Landsleute bot ihm einen Sitzplatz an. Als er aber in den Bereich kam, der für die spartanischen Abgesandten reserviert war, erhob sich jeder Einzelne von ihnen und lud ihn ein, dort Platz zu nehmen.

64. Dieses Verhalten wurde von der ganzen Menge mit herzlichem Applaus quittiert, was einen der Spartaner zu der Äußerung verleitete: »Diese Athener wissen theoretisch sehr wohl, was Anstand ist, aber sie verhalten sich nicht entsprechend.«

tenet, neque solum honore antecedentibus sed eis etiam qui cum imperio sunt, maiores natu augures anteponuntur. Quae sunt igitur voluptates corporis cum auctoritatis praemiis comparandae? Quibus qui splendide usi sunt, ei mihi videntur fabulam aetatis peregisse, nec tamquam inexercitati histriones in extremo actu corruisse.

65. At sunt morosi et anxii et iracundi et difficiles senes: si quaerimus, etiam avari; sed haec morum vitia sunt, non senectutis, ac morositas tamen et ea vitia quae dixi habent aliquid excusationis, non illius quidem iustae sed quae probari posse videatur; contemni se putant, despici, illudi; praeterea in fragili corpore odiosa omnis offensio est. Quae tamen

Unser Kollegium der Auguren hat viele bewundernswerte Gepflogenheiten, aber eine, die für unsere Diskussion besonders hervorzuheben ist, ist die Tradition, Älteren beim Reden den Vorzug zu lassen. Das Alter genießt sogar Vorrang vor dem gesellschaftlichen Status und sogar noch vor denjenigen, die die höchsten Ämter bekleiden. Welche Sinnesfreuden könnten der Genugtuung und dem Einfluss, der mit einer solchen Stellung einhergeht, gleichkommen? Jene, die derlei Belohnungen gut nutzen, sind in meinen Augen wie Schauspieler, die ihre Rolle im Drama des Lebens bis zum Letzten ausfüllen, ganz im Gegensatz zu den inkompetenten Schauspielern, die im letzten Akt scheitern.

65. Aber einige werden einwenden, dass ältere Menschen griesgrämig, ängstlich, übellaunig und schwer zufriedenzustellen sind. Und bei näherem Hinsehen entpuppen sich einige sogar als knauserig. Doch das alles sind Charakterfehler, die nichts mit dem Alter zu tun haben. Außerdem gibt es für Verdrießlichkeit und die anderen von mir erwähnten Unzulänglich-

omnia dulciora fiunt et moribus bonis et artibus; idque cum in vita, tum in scena intellegi potest ex eis fratribus qui in Adelphis sunt. Quanta in altero diritas, in altero comitas! Sic se res habet; ut enim non omne vinum, sic non omnis natura vetustate coacescit. Severitatem in senectute probo, sed eam sicut alia modicam, acerbitatem nullo modo.

keiten bei den Alten eine eindeutige Entschuldigung, wenn auch vielleicht keine besonders gute. Immerhin haben alte Menschen gern das Gefühl, ignoriert, herabgesetzt und verspottet zu werden. Und sicherlich ist ein gebrechlicher Körper auch verletzlicher. Aber derlei Probleme des Alters können durch einen anständigen Charakter und eine aufgeklärte Sicht gelindert werden. Das können wir nicht nur im wahren Leben, sondern auch auf der Bühne beobachten, wie bei den Brüdern, die in Terenz' *Adelphoe* auftreten.[73] Einer von ihnen ist äußerst unfreundlich, während der andere ein angenehmes Wesen hat. Die Wahrheit ist, dass der Charakter eines Menschen wie Wein ist: Er muss im Laufe der Jahre nicht unbedingt sauer werden. Strenge ist im Greisenalter durchaus angemessen, aber wie bei allem anderen, so sollte man auch hier Maß halten. Ein unfreundliches Wesen ist niemals eine Tugend. Und der Nutzen von Geiz im Alter ist mir sowieso schleierhaft.

66. Avaritia vero senilis quid sibi velit non intellego: potest enim quidquam esse absurdius quam quo viae minus restet eo plus viatici quaerere?

Quarta restat causa, quae maxime angere atque sollicitam habere nostram aetatem videtur: appropinquatio mortis, quae certe a senectute non potest esse longe. O miserum senem, qui mortem contemnendam esse in tam longa aetate non viderit! Quae aut plane neglegenda est si omnino exstinguit animum, aut etiam optanda si aliquo eum deducit ubi sit futurus aeternus; atqui tertium certe nihil inveniri potest.

67. Quid igitur timeam, si aut non miser post mortem aut beatus etiam futurus sum? Quamquam quis est tam stultus, quamvis sit

66. Denn was könnte lächerlicher sein als ein Reisender, der sich am Ende seiner Reise noch mehr Gepäck auflädt?

Den Tod muss man nicht fürchten

Wir müssen uns nun mit dem vierten Einwand gegen das Alter befassen, einem Einwand, der einem Mann in meinen Jahren ganz besonders viel Sorge und Angst bereiten kann. Ich spreche von der Nähe des Todes. Im Greisenalter besteht nun einmal kein Zweifel darüber, dass der Tod nicht mehr allzu weit entfernt ist.

Unglücklich jedoch ist der Mann, der im Laufe eines langen Lebens nicht gelernt hat, dass der Tod nichts ist, wovor man sich fürchten muss. Denn entweder vernichtet der Tod die menschliche Seele vollständig, weshalb wir ihn mit Gleichgültigkeit betrachten sollten, oder er führt die Seele an einen Ort, wo sie auf ewig lebt, was ihn sogar wünschenswert macht. Eine dritte Möglichkeit existiert nicht.

67. Warum sollte ich mich also vor dem Tod fürchten, wenn ich danach nicht unglücklich sein werde, vielleicht sogar auf ewig glücklich?

adulescens, cui sit exploratum se ad vesperum esse victurum? Quin etiam aetas illa multo plures quam nostra casus mortis habet: facilius in morbos incidunt adulescentes, gravius aegrotant, tristius curantur. Itaque pauci veniunt ad senectutem; quod ni ita accideret, melius et prudentius viveretur; mens enim et ratio et consilium in senibus est, qui si nulli fuissent, nullae omnino civitates fuissent. Sed redeo ad mortem impendentem: quod est istud crimen senectutis, cum id ei videatis cum adulescentia esse commune?

68. Sensi ego in optimo filio, tu in exspectatis ad amplissimam dignitatem fratribus, Scipio, mortem omni aetati esse communem. At sperat adulescens diu se victurum, quod sperare idem senex non potest. Insipienter sperat.

Welcher junge Mensch könnte so töricht sein, davon auszugehen, dass er am Abend gewiss noch lebt? Die Jungen laufen erheblich eher Gefahr, durch einen Unfall zu Tode zu kommen, als die Alten. Sie werden auch leichter krank, leiden stärker und sind schwerer zu heilen. Deshalb erreichen ja nur so wenige von ihnen ein hohes Alter. Wenn nicht so viele schon jung stürben, hätten wir eine erheblich weisere und besonnenere Menschheit. Denn Vernunft und ein gutes Urteilsvermögen finden sich vornehmlich bei den Alten. Wenn es nie alte Menschen gegeben hätte, gäbe es keine Staaten.

Aber lasst mich nun wieder auf das Thema Todesnähe zurückkommen. Wie kann man aus dem drohenden Tod dem Alter einen Vorwurf machen, wenn doch auch die Jüngeren ihm zum Opfer fallen?

68. Dies habe ich am eigenen Leib schmerzlich durch den Tod meines lieben Sohnes erfahren müssen, genau wie du, Scipio, durch den Tod deiner beiden Brüder, junger Männer, die zu Großem bestimmt waren. Aber ihr könnt

Quid enim stultius quam incerta pro certis habere, falsa pro veris? At senex ne quod speret quidem habet. At est eo meliore condicione quam adulescens, cum id quod ille sperat hic consecutus est: ille vult diu vivere, hic diu vixit.

69. Quamquam o di boni! Quid est in hominis natura diu? Da enim supremum tempus, exspectemus Tartessiorum regis aetatem (fuit enim, ut scriptum video, Arganthonius quidam Gadibus, qui octoginta regnavit annos, centum viginti vixit), sed mihi ne diuturnum quidem quidquam videtur in quo est aliquid extremum; cum enim id advenit, tum illud quod praeteriit effluxit; tantum remanet quod virtute et recte factis consecutus sis. Horae quidem cedunt et dies et menses et anni; nec praeteritum tempus

natürlich einwenden, dass junge Menschen zumindest die Hoffnung haben, lange Zeit zu leben, während Greise nicht darauf hoffen können. Doch diese Hoffnung ist nicht weise, denn was ist törichter, als das Gewisse mit dem Ungewissen oder das Falsche mit der Wahrheit zu verwechseln? Auch könntet ihr einwenden, dass ein alter Mann auf nichts mehr hoffen darf. Aber tatsächlich besitzt er etwas erheblich Besseres als ein junger Mensch. Denn das, wonach die Jugend sich sehnt, hat der Alte bereits erreicht. Der Junge hofft auf ein langes Leben, der Alte hat es bereits hinter sich.

69. Aber, ihr guten Götter, was heißt in unserer menschlichen Welt schon lang? Stellen wir uns dasjenige Leben vor, das den Berichten zufolge am längsten war. Nehmen wir an, wir könnten das Alter des Königs von Tartessus erreichen, von dem ich gelesen habe. Dies war ein gewisser Arganthonius von Gades, der achtzig Jahre lang regierte und sogar einhundertundzwanzig Jahre alt wurde.[74] In meinen Augen aber ist nichts, das irgendwann ein Ende hat, wirklich lang. Denn wenn dieses Ende

umquam revertitur, nec quid sequatur sciri potest; quod cuique temporis ad vivendum datur, eo debet esse contentus.

70. Neque enim histrioni ut placeat peragenda fabula est, modo in quocumque fuerit actu probetur, neque sapientibus usque ad ›plaudite‹ veniendum est; breve enim tempus aetatis satis longum est ad bene honesteque vivendum. Sin processerit longius, non magis dolendum est, quam agricolae dolent praeterita verni temporis suavitate aestatem autumnumque venisse. Ver enim tamquam adulescentiam significat, ostenditque fructus futuros; reliqua autem tempora demetendis fructibus et percipiendis accommodata sunt.

kommt, ist alles, was zuvor war, vorbei. Alles, was dann noch bleibt, sind die guten und edlen Taten, die man im Verlauf seines Lebens vollbracht hat. Stunden und Tage, Monate und Jahre fließen dahin, aber die Vergangenheit kehrt niemals wieder, und die Zukunft kennen wir nicht. Wir sollten also zufrieden sein mit der Lebensspanne, die uns geschenkt wird.

70. Ein Schauspieler muss nicht während des ganzen Schauspiels auf der Bühne bleiben. Es reicht, dass er in den entsprechenden Akten auftritt. Genauso muss ein weiser Mann nicht auf der Bühne dieser Welt bleiben, bis am Ende die Zuschauer applaudieren. Die Zeit, die unserem Leben zugemessen ist, mag kurz sein, aber sie ist lang genug, um ein aufrichtiges und anständiges Dasein zu führen. Wenn uns zufällig ein längeres Leben gewährt wird, haben wir keinen Grund, betrübter darüber zu sein, als ein Bauer, nachdem ein lieblicher Frühling in Sommer und Herbst übergeht. Der Frühling ist wie ein Bild für die Jugend mit dem Versprechen der zu erwartenden Früchte. Unsere späteren Jahre sind mit den weite-

71. Fructus autem senectutis est, ut saepe dixi, ante partorum bonorum memoria et copia. Omnia autem quae secundum naturam fiunt sunt habenda in bonis; quid est autem tam secundum naturam quam senibus emori? Quod idem contingit adulescentibus adversante et repugnante natura. Itaque adulescentes mihi mori sic videntur ut cum aquae multitudine flammae vis opprimitur, senes autem sic ut cum sua sponte nulla adhibita vi consumptus ignis exstinguitur; et quasi poma ex arboribus cruda si sunt vix evelluntur, si matura et cocta decidunt, sic vitam adulescentibus vis aufert, senibus maturitas; quae quidem mihi tam iucunda est, ut quo propius ad mortem accedam, quasi terram videre videar aliquandoque in portum ex longa navigatione esse venturus.

ren Jahreszeiten vergleichbar, in denen wir die Früchte ernten und genießen.

71. Die spezielle Frucht des Alters ist, wie bereits erwähnt, die Erinnerung an die Fülle der vorher erworbenen Güter.

Alles, was im Einklang mit der Natur steht, sollte man als gut betrachten. Und was könnte im natürlichen Kreislauf des Lebens angemessener sein, als dass Greise sterben? Dies widerfährt ja sogar jungen Menschen, sogar gegen den Widerstand der Natur.

Der Tod eines jungen Menschen erinnert mich an ein Feuer, das von einer Flut gelöscht wird. Aber wenn ein alter Mensch stirbt, so ist das einer Flamme vergleichbar, die stetig kleiner wird und sich selbst, ohne äußere Gewalteinwirkung, verzehrt, nachdem der Brennstoff aufgebraucht ist. Genauso sind grüne Äpfel nur schwer vom Baum zu pflücken. Sind sie aber reif, dann fallen sie von selbst zu Boden. Der Tod überkommt die Jungen also mit Gewalt, trifft die Alten aber erst, wenn die Zeit reif ist. Ich finde diese Vorstellung sehr tröstlich. Je näher der Tod kommt, umso mehr fühle ich mich

72. Senectutis autem nullus est certus terminus, recteque in ea vivitur quoad munus offici exsequi et tueri possit et tamen mortem contemnere; ex quo fit ut animosior etiam senectus sit quam adulescentia et fortior. Hoc illud est quod Pisistrato tyranno a Solone responsum est, cum illi quaerenti, qua tandem re fretus sibi tam audaciter obsisteret, respondisse dicitur: ›Senectute.‹ Sed vivendi est finis optimus cum integra mente certisque sensibus opus ipsa suum eadem quae coagmentavit natura dissolvit. Ut navem, ut aedificium idem destruit facillime qui construxit, sic hominem eadem optime quae conglutinavit natura dissolvit; iam omnis conglutinatio recens aegre, inveterata facile divellitur. Ita fit ut illud breve vitae reliquum nec avide appetendum senibus nec sine causa deserendum sit.

wie ein Reisender, der nach einer langen Reise endlich sein Heimatland erblickt und dort in den Hafen einlaufen kann.

72. Aber das Greisenalter umfasst keinen bestimmten Zeitraum. Ein Mann sollte so lange leben, wie er in der Lage ist, seinen Aufgaben und Verpflichtungen nachzukommen, wobei er dem Tod keine Bedeutung beimessen sollte. So gesehen ist das Alter mutiger und beherzter als die Jugend. Das erklärt auch die Worte Solons, die dieser zu Peisistratos sprach. Als der Tyrann ihn nämlich fragte, worauf er sich bei dem beharrlichen Widerstand verlasse, den er ihm entgegensetzte, antwortete Solon schlicht: »Auf das Alter.«[75]

Das beste Lebensende geht mit einem klaren Geist und einem gesunden Körper einher, sodass die Natur selbst das Werk auflöst, das sie geschaffen hat. Denn so wie der Baumeister, der ein Schiff oder ein Haus errichtet hat, dieses auch am besten wieder einreißen kann, so kann auch die Natur den Menschen, den sie so geschickt zusammengefügt hat, zu seinem Ende führen. Ein neues Gebäude lässt sich nur

73. Vetatque Pythagoras iniussu imperatoris, id est dei, de praesidio et statione vitae decedere.

Solonis quidem sapientis est elogium quo se negat velle suam mortem dolore amicorum et lamentis vacare; vult, credo, se esse carum suis; sed haud scio an melius Ennius:

Nemo me lacrumis decoret neque funera
fletu faxit.

schwer niederreißen, aber ein altes Haus fällt fast von selbst in sich zusammen.

Deshalb sollten alte Menschen nicht gierig an jedem Stück Leben hängen, das sie zurücklassen oder es ohne guten Grund einfach aufgeben.

73. Pythagoras sagt, wir sollten unseren Wachtposten in diesem Leben nicht aufgeben, bis die Gottheit, unser oberster Feldherr, den Befehl dazu erteilt.[76] Der weise Solon wiederum schrieb ein Gedicht, in dem er der Hoffnung Ausdruck verleiht, dass seine Freunde bei seinem Tod weinen und trauern. Er wünschte sich wohl, dass er ihnen am Herzen läge. Aber ich halte Ennius' Idee für besser, als er sagte:

> Ich will nicht, dass irgendjemand um mich weint,
> noch will ich bei meiner Beerdigung Klagegesänge hören.

Er hält den Tod nicht für betrauernswert, da ihm das ewige Leben folgt.

74. Non censet lugendam esse mortem, quam immortalitas consequatur. Iam sensus moriendi aliquis esse potest, isque ad exiguum tempus, praesertim seni; post mortem quidem sensus aut optandus aut nullus est. Sed hoc meditatum ab adulescentia debet esse, mortem ut neglegamus; sine qua meditatione tranquillo esse animo nemo potest. Moriendum enim certe est, et incertum an hoc ipso die; mortem igitur omnibus horis impendentem timens, qui poterit animo consistere?

75. De qua non ita longa disputatione opus esse videtur, cum recorder non Lucium Brutum qui in liberanda patria est interfectus, non duos Decios qui ad voluntariam mortem cursum equorum incitaverunt, non Marcum Atilium qui ad supplicium est profectus ut fidem hosti datam conservaret, non duos Scipiones qui iter Poenis vel corporibus suis obstruere voluerunt, non avum tuum Lucium Paulum qui morte

74. Natürlich ist es wahr, dass der Prozess des Sterbens an sich mit unangenehmen Empfindungen einhergehen kann, aber diese gehen vorüber, besonders bei den Alten. Dann, nach dem Tod, wartet entweder eine angenehme Erfahrung auf sie oder gar nichts. Wir sollten dies von Jugend an im Kopf behalten, damit wir den Tod nicht fürchten, denn ohne diesen Glauben finden wir keine innere Ruhe. Wir wissen, dass wir dem Tod nicht entrinnen können, tatsächlich kann er uns noch am heutigen Tag ereilen. Da uns also der Tod in jeder Stunde unseres Daseins droht, wie könnte dann jemand, der ihn fürchtet, ein unerschütterliches Gemüt haben?

75. Ich muss euch dieses Argument nicht mit weitschweifigen Beispielen beweisen. Es reicht, sich an Lucius Brutus zu erinnern, der im Kampf für die Freiheit seines Landes starb.[77] Oder an die beiden Decier, die freiwillig in vollem Galopp in den Tod ritten.[78] Oder an Marcus Atilius, der, um das Wort, das er dem Feind gegeben hatte, zu halten, pflichtgetreu zu ihm zurückkehrte, um sich dort zu Tode foltern zu

luit conlegae in Cannensi ignominia temeritatem, non Marcum Marcellum cuius interitum ne crudelissimus quidem hostis honore sepulturae carere passus est, sed legiones nostras, quod scripsi in Originibus, in eum locum saepe profectas alacri animo et erecto, unde se redituras numquam arbitrarentur. Quod igitur adulescentes, et ei quidem non solum indocti sed etiam rustici contemnunt, id docti senes extimescent?

76. Omnino ut mihi quidem videtur, studiorum omnium satietas vitae facit satietatem. Sunt pueritiae studia certa: num igitur ea desiderant adulescentes? Sunt ineuntis adulescentiae: num ea constans iam requirit aetas quae media dicitur? Sunt etiam eius aetatis: ne ea quidem quaeruntur in senectute; sunt extrema

lassen.[79] Oder die beiden Scipionen, die mit ihren eigenen Körpern den Karthagern den Weg versperrten.[80] Oder, mein lieber Scipio, dein eigener Großvater, Lucius Paulus, der während der schmählichen Niederlage von Cannae für die Torheit seines Amtskollegen mit dem Leben büßte.[81] Oder Marcus Marcellus, dem sogar ein erbarmungsloser Feind nicht die Ehren eines Begräbnisses versagte.[82] Oder denkt an unsere Legionen, die, wie ich in meinem eigenen Buch über die Römische Geschichte, den *Origines*, erörterte, so oft jubelnd und begeistert der Gefahr entgegenschritten, ohne jede Hoffnung, jemals zurückzukehren. Warum also sollten weise Männer den Tod fürchten, wenn sich sogar Bauern und ungebildete, junge Soldaten darüber hinwegsetzen?

76. Überhaupt habe ich den Eindruck, dass man des Lebens überdrüssig wird, wenn man seine Freuden genossen hat. Kleine Jungen erfreuen sich an bestimmten Dingen, an denen ältere Kinder keinen Gefallen mehr finden. Jünglinge kennen ihre eigenen Freuden, die wiederum das mittlere Alter nicht mehr rei-

quaedam studia senectutis: ergo ut superiorum aetatum studia occidunt, sic occidunt etiam senectutis; quod cum evenit, satietas vitae tempus maturum mortis adfert.

77. Non enim video cur quid ipse sentiam de morte non audeam vobis dicere, quod eo cernere mihi melius videor, quo ab ea propius absum. Ego vestros patres, Publi Scipio tuque, Gai Laeli, viros clarissimos mihique amicissimos, vivere arbitror, et eam quidem vitam quae est sola vita nominanda; nam dum sumus inclusi in his compagibus corporis, munere quodam necessitatis et gravi opere perfungimur. Est enim animus caelestis, ex altissimo domicilio depressus et quasi demersus in terram, locum divinae naturae aeternitatique contrarium. Sed credo deos immortalis sparsisse animos in corpora humana, ut essent qui terras tuerentur, quique caelestium ordinem contemplantes, imitarentur eum vitae modo atque constantia. Nec me solum ratio ac disputatio impulit ut ita

zen. Und die Vergnügungen der mittleren Jahre sind für den Greis nicht mehr interessant. Genau wie die Neigungen früherer Lebensphasen vergehen, so vergehen auch die des Alters. Wenn das geschieht, hat man das Leben voll und ganz ausgekostet, und die Zeit ist reif für den Tod.

77. Lasst mich euch schildern, was ich über den Tod denke, denn je näher ich ihm komme, umso besser scheine ich ihn zu verstehen. Ich glaube, dass dein Vater, Scipio, und auch deiner, Laelius, diese glorreichen Männer, die meine engen Freunde waren, immer noch unter uns weilen und in der Tat ein solches Leben führen, das den Namen »Leben« verdient. Denn solange wir in diesen irdischen Hüllen gefangen sind, müssen wir jene schweren Aufgaben erfüllen, die das Schicksal uns auferlegt. Die himmlische Seele wurde nämlich aus dem Königreich des Himmels auf die Erde herabgestoßen, was ganz und gar ihrer göttlichen und ewigen Natur widerspricht. Aber ich bin davon überzeugt, dass die unsterblichen Götter dem menschlichen Körper eine Seele gaben, um

crederem, sed nobilitas etiam summorum philosophorum et auctoritas.

78. Audiebam Pythagoram Pythagoreosque, incolas paene nostros, qui essent Italici philosophi quondam nominati, numquam dubitasse quin ex universa mente divina delibatos animos haberemus; demonstrabantur mihi praeterea quae Socrates supremo vitae die de immortalitate aminorum disseruisset, is qui esset omnium sapientissimus oraculo Apollinis iudicatus. Quid multa? Sic persuasi mihi, sic sentio: cum tanta celeritas animorum sit, tanta memoria praeteritorum futurorumque prudentia, tot artes, tantae scientiae, tot inventa, non posse eam naturam quae res eas contineat esse mortalem; cumque semper agitetur animus, nec principium motus habeat quia se ipse moveat,

Wesen zu erschaffen, die für diese Erde sorgen, die über die göttliche Ordnung nachdenken und sie durch eine maßvolle und disziplinierte Lebensweise nachahmen.

Zu dieser Überzeugung bin ich nicht allein durch meine eigenen Überlegungen und die Logik gelangt, sondern auch durch die Anleitung durch die erhabensten und gelehrtesten Philosophen.

78. Ich habe gehört, dass Pythagoras und seine Schüler, praktisch unsere Landsmänner, denn man bezeichnet sie als »Italienische Philosophen«, niemals daran zweifelten, dass unsere Seelen einer göttlichen, universellen Intelligenz entstammen.[83] Außerdem lernte ich die Argumente des Sokrates kennen, die dieser an seinem letzten Lebenstag über die Unsterblichkeit der Seele vorbrachte, und immerhin bezeichnete Apollons Orakel ihn als weisesten, lebenden Menschen.

Was soll ich also noch sagen? Ich glaube und bin davon überzeugt, dass die menschliche Seele von Natur aus nicht sterblich sein kann, denn Menschen vermögen, so schnell zu

ne finem quidem habiturum esse motus quia numquam se ipse sit relicturus; et cum simplex animi natura esset, neque haberet in se quidquam admixtum dispar sui atque dissimile, non posse eum dividi; quod si non posset, non posse interire; magnoque esse argumento homines scire pleraque antequam nati sint, quod iam pueri cum artes difficiles discant, ita celeriter res innumerabilis arripiant, ut eas non tum primum accipere videantur sed reminisci et recordari. Haec Platonis fere.

79. Apud Xenophontem autem moriens Cyrus maior haec dicit:

›Nolite arbitrari, O mihi carissimi filii, me, cum a vobis discessero, nusquam aut nullum fore. Nec enim dum eram vobiscum animum

handeln, besitzen eine lebhafte Erinnerung an die Vergangenheit und einen klaren Blick in die Zukunft, verfügen über erstaunliche Fähigkeiten in Kunst und Wissenschaft und einen großen Erfindergeist. Überdies sind menschliche Seelen beständig in Bewegung. Diese geht von ihnen selbst aus, kann deshalb nie enden, weil sie sich selbst nie verlassen kann. Und da das Wesen der Seele einfach ist und ihr keine andere Substanz beigemischt ist, kann sie nicht geteilt werden und nicht sterben. Ein weiteres wichtiges Argument ist Folgendes: Unser Wissen von vielen Dingen existierte bereits vor unserer Geburt, wie man an der Art ablesen kann, wie Kinder lernen und schnell schwierige Dinge meistern, als würden sie nicht zum ersten Mal damit konfrontiert, sondern erinnerten sich an das, was sie schon wüssten. Das jedenfalls glaubte auch Platon.[84]

79. Bei Xenophon sagt Kyros der Ältere auf dem Sterbebett Folgendes:[85]

»Meine liebsten Söhne, glaubt nicht, dass ich, wenn ich von euch gegangen bin, aufhöre, zu existieren. Auch in der Zeit, in der ich unter

meum videbatis, sed eum esse in hoc corpore ex eis rebus quas gerebam intellegebatis: eundem igitur esse creditote, etiamsi nullum videbitis.

80. Nec vero clarorum virorum post mortem honores permanerent, si nihil eorum ipsorum animi efficerent quo diutius memoriam sui teneremus. Mihi quidem numquam persuaderi potuit, animos dum in corporibus essent mortalibus vivere, cum excessissent ex eis emori, nec vero tum animum esse insipientem cum ex insipienti corpore evasisset, sed cum omni admixtione corporis liberatus, purus et integer esse coepisset, tum esse sapientem. Atque etiam cum hominis natura morte dissolvitur, ceterarum rerum perspicuum est quo quaeque discedat, abeunt enim illuc omnia unde orta sunt: animus autem solus nec cum adest nec cum discedit apparet. Iam vero videtis nihil esse morti tam simile quam somnum.

81. Atqui dormientium animi maxime declarant divinitatem suam; multa enim, cum remissi

euch weilte, konntet ihr meine Seele nicht sehen, wusstet aber durch meine Taten, dass sie in mir wohnte. Hört deshalb also nicht auf zu glauben, auch wenn ihr nichts mehr seht.

80. Der Ruhm bedeutender Männer würde nach ihrem Tod nicht fortdauern, wenn nicht ein Teil in der Seele überlebte, um das Andenken an sie unter uns wachzuhalten. Niemand könnte mich jemals davon überzeugen, dass Seelen, die in menschlichen Körpern wohnen, sterben, wenn sie diese Körper verlassen. Genauso wenig kann ich glauben, dass die Seele keines Gedankens mehr fähig ist, wenn sie sich von unserem vernunftlosen Leichnam trennt. Im Gegenteil: Erst wenn sie von den Fesseln des Leibes befreit ist, kann sie rein, unbefleckt und wahrhaft weise sein. Das können wir erkennen, wenn der Körper stirbt und verwest und seine sämtlichen Bestandteile an ihren Ursprung zurückkehren. Die Seele allein bleibt unsichtbar, sowohl wenn der Körper lebendig ist als auch wenn er gestorben ist.

81. Ihr wisst, dass dem Tod nichts so ähnlich ist wie der Schlaf, doch gerade, wenn wir

et liberi sunt, futura prospiciunt: ex quo intellegitur quales futuri sint cum se plane corporum vinculis relaxaverint. Quare si haec ita sunt, sic me colitote‹ inquit, ›ut deum: sin una est interiturus animus cum corpore, vos tamen deos verentes qui hanc omnem pulchritudinem tuentur et regunt, memoriam nostri pie inviolateque servabitis.‹

82. Cyrus quidem haec moriens; nos, si placet, nostra videamus. Nemo umquam mihi, Scipio, persuadebit aut patrem tuum Paulum, aut duos avos, Paulum et Africanum, aut Africani patrem, aut patruum, aut multos praestantis viros quos enumerare non est necesse, tanta

schlafen, offenbaren unsere Seelen ihren göttlichen Ursprung. Wenn die Seele im Schlaf frei und entfesselt ist, ist sie in der Lage, überaus klar in die Zukunft zu sehen. Daraus kann man darauf schließen, wozu unsere Seelen in der Lage sind, wenn sie nicht länger an den Körper gefesselt sind.

Wenn das, was ich sagte, zutrifft, dann könnt ihr mich nach meinem Tod wie einen Gott verehren. Aber falls ich mich irre und meine Seele zusammen mit meinem Körper stirbt, dann könnt ihr aus Furcht vor den Göttern, die für diese schöne Welt sorgen und über sie herrschen, zumindest pflichtschuldigst und unverbrüchlich mein Andenken ehren.«

Dies waren Kyros' Worte, als er auf dem Sterbebett lag. Nun lasst mich euch sagen, was ich darüber denke.

82. Niemand wird mich je davon überzeugen, Scipio, dass dein Vater Paulus oder deine beiden Großväter Paulus und Africanus oder der Vater und Onkel des Africanus oder die vielen anderen berühmten Männer, von denen es zu viele an der Zahl gibt, um sie hier namentlich

esse conatos, quae ad posteritatis memoriam pertinerent, nisi animo cernerent posteritatem ad se ipsos pertinere. An censes (ut de me ipse aliquid more senum glorier) me tantos labores diurnos nocturnosque domi militiaeque suscepturum fuisse, si eisdem finibus gloriam meam quibus vitam essem terminaturus? Nonne melius multo fuisset otiosam aetatem et quietam sine ullo labore et contentione traducere? Sed nescio quo modo animus erigens se posteritatem ita semper prospiciebat, quasi cum excessisset e vita, tum denique victurus esset. Quod quidem ni ita se haberet ut animi inmortales essent, haud optimi cuiusque animus maxime ad inmortalitatem et gloriam niteretur.

83. Quid quod sapientissimus quisque aequissimo animo moritur, stultissimus iniquissimo? Nonne vobis videtur is animus qui plus

aufzulisten, jemals derlei Großtaten vollbracht hätten, an die sich die Nachwelt auch jetzt noch erinnert, wenn sie nicht fest daran geglaubt hätten, dass die Zukunft ihnen gehörte.

Und um mich auch selbst einmal zu rühmen, wie alte Männer es häufig tun, glaubst du, dass ich Tag und Nacht daheim und im Krieg in fernen Landen so viel Mühen auf mich genommen hätte, wenn ich davon überzeugt gewesen wäre, dass das Ende meines irdischen Lebens auch meinem Ruhm ein Ende setzen würde? Wenn dies der Fall gewesen wäre, hätte ich viel besser daran getan, ein ruhiges, friedliches Leben frei von Mühsal und Arbeit zu führen. Aber irgendwie strebte meine Seele nach Höherem und hatte stets die Zukunft im Blick. So wusste sie, dass das wahre Leben erst nach meinem Tod beginnen würde. Wenn die Seele nicht unsterblich wäre, warum sollten unsere besten Männer dann so unermüdlich nach Ruhm streben?

83. Und warum sterben die Weisesten unter uns außerordentlich gelassen, während die Törichten voller Unruhe sind? Ist es nicht so, dass

cernat et longius videre se ad meliora proficisci, ille autem cui obtusior sit acies non videre? Equidem efferor studio patres vestros quos colui et dilexi videndi, neque vero eos solos convenire aveo quos ipse cognovi, sed illos etiam de quibus audivi et legi et ipse conscripsi. Quo quidem me proficiscentem haud sane quid facile retraxerit nec tamquam Peliam recoxerit; et si quis deus mihi largiatur ut ex hac aetate repuerascam et in cunis vagiam, valde recusem, nec vero velim quasi decurso spatio ad carceres a calce revocari.

die Seele des Weisen, die einen schärferen und klareren Blick hat, erkennt, dass sie sich auf den Weg in eine bessere Welt macht, während die törichte Seele zu kurzsichtig ist, um auszumachen, wohin die Reise geht?

Tatsächlich, mein lieber Scipio und mein lieber Laelius, bin ich von meinem Wunsch beseelt, eure Väter wiederzusehen, Männer, die ich sowohl respektierte als auch liebte. Außerdem sehne ich mich danach, auch andere wiederzutreffen, und viele, die ich nie kennenlernte, Männer, von denen ich gehört, gelesen und über die ich geschrieben habe. Und wenn ich mich auf den Weg gemacht habe, wird niemand mich wieder in dieses Leben zurückbringen, ich bin nicht wie einst Pelias, der glaubte, durch Kochen verjüngt werden zu können.[86] Fürwahr, wenn einer der Götter mir die Gnade gewährte, meine Jahre abzustreifen und von Neuem zu beginnen, wieder schreiend in der Wiege zu liegen, würde ich mich heftig widersetzen. Im Rennen meines Lebens bin ich beinahe am Ziel angelangt, warum also sollte ich mich wieder an die Startlinie zurückrufen lassen?

84. Quid habet enim vita commodi? Quid non potius laboris? Sed habeat sane, habet certe tamen aut satietatem aut modum. Non libet enim mihi deplorare vitam, quod multi et ei docti saepe fecerunt, neque me vixisse paenitet, quoniam ita vixi ut non frustra me natum existimem; et ex vita ita discedo tamquam ex hospitio, non tamquam domo: commorandi enim natura devorsorium nobis, non habitandi dedit. O praeclarum diem, cum ad illud divinum animorum concilium coetumque proficiscar cumque ex hac turba et conluvione discedam! Proficiscar enim non ad eos solum viros de quibus ante dixi, verum etiam ad Catonem meum, quo nemo vir melior natus est, nemo pietate praestantior; cuius a me corpus est crematum, quod contra decuit ab illo meum; animus vero, non me deserens sed respectans, in ea profecto loca discessit quo mihi ipsi cernebat esse veniendum. Quem ego meum casum fortiter ferre visus sum, non quo aequo animo ferrem, sed me ipse consolabar existimans non longinquum inter nos digressum et discessum fore.

84. Denn was sind die Vorteile des Lebens oder ist es nicht vielmehr nur Mühsal? Natürlich hat es auch gute Seiten, aber dennoch kommt eine Zeit, da wir genug haben. Nein, ich gehöre nicht zu der großen und gelehrten Gemeinschaft der Zyniker, die das Leben verachten. Ich bedaure nicht, gelebt zu haben, und mir gefällt der Gedanke, dass meine Geburt einen bestimmten Sinn für die Welt hatte. Ich verabschiede mich also vom Leben wie aus einer Taverne, nicht wie aus einem Haus. Denn von Natur aus ist es uns bestimmt, auf Erden nur als Gäste eine Zeit lang einzukehren, nicht jedoch, sie zu unserer Wohnstätte zu machen.

Was wird es für ein wundervoller Tag sein, wenn ich mich aufmache, mich jener göttlichen Versammlung der Seelen anzuschließen und diese Welt aus Schmerz und Schmutz hinter mir zu lassen. Denn ich werde nicht nur jene Männer treffen, die ich schon erwähnt habe, sondern auch meinen Sohn Cato, den edelsten und hingebungsvollsten Sohn, der je geboren wurde. Und doch war ich es, der seinen Leichnam auf dem Scheiterhaufen verbrennen musste und

85. His mihi rebus, Scipio, id enim te cum Laelio admirari solere dixisti, levis est senectus; nec solum non molesta, sed etiam iucunda. Quod si in hoc erro, qui animos hominum immortalis esse credam, libenter erro, nec mihi hunc errorem quo delector, dum vivo, extorqueri volo; sin mortuus ut quidam minuti philosophi censent nihil sentiam, non vereor ne hunc errorem meum philosophi mortui irrideant. Quod si non sumus inmortales futuri, tamen exstingui homini suo tempore optabile est; nam habet natura, ut aliarum omnium rerum, sic vivendi modum; senectus autem aetatis est peractio tamquam fabulae, cuius defatigationem fugere debemus praesertim adiuncta satietate.

nicht umgekehrt, wie es passend gewesen wäre. Dennoch ist seine Seele nicht vollkommen verschwunden, sondern blickt stets zurück, wartet dort, an jenem Ort auf mich, an den ich, wie sie weiß, ebenfalls kommen werde. Die Menschen finden, dass ich diesen Verlust standhaft ertragen habe. Nein, ich empfand schrecklichen Schmerz, aber ich tröstete mich damit, dass unsere Trennung nicht für immer sein würde.

85. Zu Beginn unserer Diskussion sagtest du, Scipio, dass das Alter mir leicht falle, was dich und Laelius verwundert. Ich habe euch geschildert, inwiefern das Alter nicht nur keine Last, sondern sogar eine Freude sein kann. Und sollte ich mich in meinem Glauben an die Unsterblichkeit der Seelen irren, dann tue ich dies mit Freuden, denn dieser Glaube, den ich mir Zeit meines Lebens erhalten will, macht mich froh. Wenn, wie bestimmte kleingeistige Philosophen glauben, ich nach meinem Tod überhaupt nichts mehr fühle, dann muss ich mir zumindest keine Sorgen darum machen, dass sie dort sein werden, um mich nach ihrem eigenen Tod zu verspotten!

Haec habui, de senectute quae dicerem: ad quam utinam perveniatis, ut ea quae ex me audistis re experti probare possitis.

Es hat sein Gutes, dass wir nicht unsterblich sind, es ist wünschenswert, dass unser Leben zu gegebener Zeit endet. Denn die Natur hat allem Grenzen gesetzt, so auch dem Leben. Das Alter ist der letzte Akt im Schauspiel des Lebens. Wenn wir genug haben, sollten wir darauf achten, dass wir niemanden ermüden und abtreten.

Dies, meine jungen Freunde, sind meine Überzeugungen im Hinblick auf das Alter. Möget ihr beide lange genug leben, um zu sehen und zu erleben, dass meine Worte der Wahrheit entsprechen.

ANMERKUNGEN

1 In diesen und den folgenden Zeilen zitiert Cicero aus den *Annales*, einem historischen Epos über die Geschichte Roms, das im 2. Jahrhundert v. Chr. von dem römischen Dichter Ennius in lateinischer Sprache verfasst wurde. Ennius' Zeilen richten sich an den römischen General Flaminius, der im Jahre 197 v. Chr. gegen Philipp V. von Mazedonien kämpfte. Cicero spielt mit der Namensgleichheit von Titus Quinctius Flaminius und seinem persönlichen Freund Titus Pomponius Atticus, dem dieses Werk gewidmet ist.

2 Ciceros Freund nahm den Beinamen Atticus an, der sich von Attika ableitet, der Landschaft im Umkreis seines geliebten Athen.

3 Zum Zeitpunkt der Entstehung dieses Buches war Atticus fünfundsechzig und Cicero zweiundsechzig Jahre alt.

4 Ariston war wahrscheinlich ein Philosoph, der im 3. Jahrhundert v. Chr. auf der griechischen Insel Keos lebte. Tithonos war ein mythischer Prinz von Troja, dem Zeus auf Bitten von Eos, der Göttin der Morgenröte, Unsterblichkeit gewährte, nicht aber ewige Jugend. Als er alt und senil wurde, schrumpfte er, bis nichts mehr von ihm übrig war als seine verwelkte Hülle und seine knarzende Stimme.

5 Marcus Porcius Cato (234-149 v. Chr.) war ein für seine Strenge berühmter Staatsmann, Landwirt, Soldat und Schriftsteller, den Cicero sehr bewunderte. Das Buch ist im Jahr 150 v. Chr. angesiedelt, und Cato ist vierundachtzig, ziemlich alt für einen Römer. Seine jungen Begleiter sind Scipio Aemilianus, der im Dritten Punischen Krieg vier Jahre später Karthago zerstören sollte und Gaius Laelius, das Hauptsprachrohr in Ciceros Dialog über die Freundschaft, *Laelius de amicitia*.

6 Ein riesiger Vulkan im Osten Siziliens

7 Eine Anspielung entweder auf Catos Ruf als *sapiens* (»weise«), wie man auch in Ciceros anderen Schriften (z.B. *Laelius de amicitia*, 6) nachlesen kann, oder eine Verbindung zur damals üblichen Etymologie, wonach der Name *Cato* mit *catus* gleichgesetzt wird, was so viel heißt wie »klug«.

8 In der griechischen Mythologie erhoben sich die Riesen gegen die Götter des Olymp, wurden aber geschlagen.

9 Sowohl Salinator als auch Albinus waren ein paar Jahre nach Catos eigenem Konsulat ebenfalls Konsuln.

10 Themistokles war ein Feldherr Athens. Er besiegte die persische Flotte in der Schlacht bei Salamis im Jahre 480 v. Chr. Serifos war eine kleine, unbedeutende Insel im Ägäischen Meer.

11 Quintus Fabius Maximus eroberte im Jahre 209 v Chr. während des Zweiten Punischen Krieges Tarent in Süditalien zurück. Seine Kritiker bezeichneten ihn als

Zögerer (»cunctator«), wegen seiner vorsichtigen, aber effektiven Strategie, mit der er Hannibal besiegte. Er war fünf Mal Konsul und zwei Mal Diktator, bevor er im Jahre 203 v. Chr. verstarb.

12 Das *Lex Cincia* (204 v. Chr.) verbot Schenkungen, die das Rechtswesen beeinträchtigen konnten. Dazu gehörte auch die Bezahlung von Anwälten durch Klienten.

13 Ein Fehler von Cicero. Es war nicht Marcus Livius Salinator, der Tarent verlor, sondern ein Verwandter von ihm, Marcus Livius Macatus.

14 Flaminius beantragte dieses Gesetz, um die römischen Bürger auf öffentlichen Ländereien in Norditalien anzusiedeln.

15 Unter Auspizien versteht man die Voraussage der Zukunft durch Vogelbeobachtung, um herauszufinden, ob die Götter wohlgesonnen waren, eine Praxis, die sowohl bei den alten Griechen als auch bei den Römern gepflegt wurde. In Rom war dafür ein Kollegium von Auguren verantwortlich, die lebenslang gewählt wurden.

16 Ein Schüler des Sokrates und einer der berühmtesten und einflussreichsten Philosophen der Antike (ca. 427-347 v. Chr.).

17 Ein Redner und Rhetorik-Lehrer aus Athen (436-338 v. Chr.).

18 Griechischer Sophist und Rhetorik-Lehrer aus Sizilien (ca. 485–ca. 380 v. Chr.).

19 Ein Gesetz, das im Jahre 169 v. Chr. verabschiedet wurde und das Erbschaftsrecht von Frauen einschränkte.

20 Lucius Aemilius Paullus, der in der Schlacht von Pydna im Jahre 168 v. Chr. die Mazedonier bezwang.

21 Gaius Fabricius Luscinus (Konsul in den Jahren 282 und 278 v. Chr.) war berühmt für seine Unbestechlichkeit. Manius Curius Dentatus, viermaliger Konsul, beendete den Dritten Samnitischen Krieg im Jahre 290 v. Chr. Tiberius Coruncanius triumphierte über die Etrusker und war im Jahre 280 v. Chr. Konsul.

22 Appius Claudius Caecus war in den Jahren 307 und 296 v.Chr. Konsul. Pyrrhus, der König von Epirus, half im Jahre 280 v. Chr., die Römer in der Schlacht zu besiegen.

23 Cato war dafür berühmt, dass er wiederholt vor dem Senat betonte, dass Karthago zerstört werden müsse.

24 Der Senat (*Senatus*) war die Versammlung der führenden *Senes* (»alter Männer, Älteren«).

25 Naevius lebte im 3. Jahrhundert v. Chr. und war einer der ersten lateinischen Dramatiker.

26 Aristides war der Erzfeind des Themistokles und der Sohn des Lysimachos.

27 Berühmter Dramatiker aus Athen im 5. Jahrhundert v. Chr.

28 Simonides (6./5. Jahrhundert v. Chr.), Dichter und Lyriker; Stesichoros (Anfang 6. Jahrhundert v. Chr.), Dichter und Lyriker; Pythagoras (ausgehendes 6. Jahrhundert v. Chr.), Mathematiker und Philosoph; Demokrit (5./4. Jahrhundert v. Chr.), Philosoph und Vertreter des Atomistischen Materialismus; Xenokrates (4. Jahrhundert v. Chr.), Philosoph; Zenon (5. Jahrhundert v. Chr.), Philosoph; Diogenes von Babylon (ca. 240-152 v. Chr.), Philosoph, der in den Jahren 156-155 v. Chr. Rom besuchte.

29 Römischer Komödiendichter des 2. Jahrhunderts v. Chr.

30 Athenischer Staatsmann und Gesetzgeber (ca. 638–558 v. Chr.)

31 Berühmter griechischer Ringkämpfer und Athlet im 6. Jahrhundert v. Chr., sechsfacher Sieger der Olympischen Spiele.

32 Sextus Aelius Paetus (Konsul im Jahre 198 v. Chr.), Kommentator der römischen *Zwölftafelgesetze*; Publius Licinius Crassus Dives (Konsul im Jahre 205 v. Chr.).

33 Gnaeus Cornelius Scipio Calvus und sein jüngerer Bruder Publius Cornelius Scipio waren römische Generäle, die im Jahre 211 v. Chr. im Kampf gegen die Karthager in Spanien starben. Lucius Aemilius Paullus, römischer Konsul und General, starb 216 v. Chr. in der Schlacht von Cannae. Publius Cornelius Scipio Africanus schlug Hannibal in der Schlacht von Zama (202 v. Chr.), um den Zweiten Punischen Krieg zu beenden.

34 Kyros der Große (6. Jahrhundert v. Chr.) war der Gründer des Persischen Reiches. Xenophon (*Cyropaedia* 8.7.) sagt, dass er ein hohes Alter erreichte, aber andere Berichte gehen davon aus, dass er in einer Schlacht gegen die Skythen starb.

35 Lucius Caecilius Metellus, Konsul in den Jahren 251 und 247 v. Chr.

36 Homer zufolge regierte der alte Nestor über das Königreich Pylos und war der erste Ratgeber Agamemnons, des Anführers der griechischen Streitkräfte, die gegen Troja zogen.

37 *Ilias*, I, 249.

38 Nach Achilles war Ajax der herausragendste der griechischen Krieger.

39 Cato wurde im Jahre 191 v. Chr. mit dem Konsul Manius Acilius Glabrio nach Griechenland geschickt, um den Angriff von Antiochos III. abzuwehren, dem Herrscher des Seleukidenreiches. Im gleichen Jahr schlugen sie Antiochos am Thermopylenpass, wo die Spartaner drei Jahrhunderte zuvor auf die Persischen Invasoren getroffen waren.

40 Ein ansonsten unbekannter Soldat aus Catos Zeit, der berühmt für seine Stärke war.

41 König der Numider (gestorben 148 v. Chr.) und Verbündeter der Römer im Zweiten Punischen Krieg gegen Karthago.

42 Der Scipio dieses Dialogs wurde von Publius Cornelius Scipio adoptiert, dem Sohn des gefeierten Publius Cornelius Scipio Africanus.

43 Eine mittlerweile verlorengegangene Geschichte Roms von den Anfängen an bis ins 2. Jahrhundert v. Chr.

44 Archytas, der in der ersten Hälfte des 4. Jahrhunderts v. Chr. sehr aktiv war, war ein pythagoreischer Philosoph, Mathematiker, Astronom und Freund Platons.

45 Eine schmähliche Niederlage der Römer im Jahre 321 v. Chr.

46 Dies ist zweifelhaft, da Platon zu diesem Zeitpunkt fast achtzig Jahre alt gewesen wäre (349 v. Chr.)

47 Das tat Cato in seiner Eigenschaft als Zensor im Jahre 184 v. Chr., zusammen mit Lucius Valerius Flaccus.

48 Kineas, ein Schüler des Athener Redners Demosthenes wurde von Pyrrhus als Unterhändler eingesetzt, um mit den Römern zu verhandeln.

49 Der Philosoph Epikur (341–270 v. Chr.).

50 Publius Decius Mus starb, als er die Römer in die Schlacht von Sentinum führte (295 v. Chr.).

51 Platon, *Timaios*, 69d.

52 Gaius Duilius schlug die Karthager und vertrieb sie während des Ersten Punischen Krieges aus Mylae in Sizilien (260 v. Chr.).

53 Die kleinasiatische Göttin Kybele, deren Kult am Berg Ida zelebriert wurde, hielt in Rom Einzug, als Cato Quästor war (204 v. Chr.).

54 Cicero übersetzt hier die griechischen Begriffe *synposion* (daher der Begriff »Symposium«) und *syndeipnon*.

55 Xenophon, *Symposium*, 2.26.

56 Platon, *De re publica*, 329b.

57 Schauspieler und Regisseur der Komödien des Terenz im zweiten Jahrhundert v.Chr.

58 Plautus (Anfang des 2. Jahrhunderts v. Chr.) war einer der ersten und erfolgreichsten römischen Komödiendichter.

59 Livius Andronicus (ca. 280-200 v. Chr.) war ein befreiter griechischer Sklave, der Homers *Odyssee* ins Lateinische übersetzte und zu einem einflussreichen römischen Dichter aufstieg.

60 Gaius Claudius Cento und Marcus Sempronius Tuditanus waren im Jahr 240 v. Chr. Konsuln.

61 Publius Cornelius Scipio Nasica Corculum, Konsul in den Jahren 162 und 155 v. Chr. und durch Adoption Cousin des Scipio in diesem Dialog.

62 Cethegus war Konsul im Jahr 204 v. Chr.

63 *Occaecare* bedeutet verdunkeln. *Occatio* (»die Erde umwälzen«) leitet sich vom Begriff occa ab (»Egge«).

64 Catos Buch *De Agri Cultura* existiert noch. Es bietet einen faszinierenden Einblick nicht nur in alte Landwirtschaftspraktiken, sondern auch in die frühe römische Gesellschaft.

65 In seinem Buch *Werke und Tage*.

66 Die meisten modernen Wissenschaftler würden dagegenhalten, dass die griechischen Dichter Homer und Hesiod beinahe Zeitgenossen waren (ca. 700 v. Chr.). Über Laertes sagt Homer (*Odyssee* 24.227) nur, dass er die Erde um einen Rebstock lockerte, nicht dass er Dünger benutzte.

67 Lucius Quinctius Cincinnatus soll im Jahre 458 v. Chr. vorübergehend das Amt des Diktators innegehabt haben, um die Aequer zu besiegen, und dann nochmals im Jahre 439 v. Chr., um den Plebejer Spurius Maelius daran zu hindern, in Rom die Macht an sich zu reißen. Der Oberstallmeister war der Stellvertreter eines römischen Diktators.

68 *Oeconomicus* 4.20-25. Wie Platon, so war auch Xenophon ein Schüler des Sokrates und setzte ihn als Erzähler in einigen seiner Werke ein.

69 Kyros der Jüngere war der Sohn von König Darius II., er wurde im Jahre 401 v. Chr. in einer Schlacht mit seinem Bruder um den Thron seines Vaters getötet, eine Schlacht, in der Xenophon als Söldner kämpfte. Lysander (gestorben im Jahr 395 v. Chr.) war ein spartanischer General, der sich mit den Persern verbündet hatte, um Athen im Peloponnesischen Krieg zu besiegen. Sardes war eine persische Hauptstadt in Lydien im Westen Kleinasiens.

70 Marcus Valerius Corvinus war angeblich sechs Mal römischer Konsul im ausgehenden vierten und beginnenden 3. Jahrhundert v. Chr.

71 Caiatinus war Konsul in den Jahren 258 und 254 v. Chr. und ein Held des Ersten Punischen Krieges.

72 Marcus Aemilius Lepidus war Konsul in den Jahren 187 und 175 v. Chr.

73 Drama des römischen Dichters aus dem 2. Jahrhundert v. Chr.

74 Gades (heute Cádiz) befand sich im Königreich Tartessos im Südwesten Spaniens. Die Geschichte findet sich bei Herodot 1.163.

75 Peisistratos war ein Tyrann in Athen Mitte des 6. Jahrhunderts v. Chr.

76 Cicero benutzt hier die lateinische Singularform deus (»Gott«) als höchstes Wesen.

77 Lucius Junius Brutus, der im Jahre 509 v. Chr. einer der ersten Konsuln Roms wurde, nachdem er den letzten etruskischen König von Rom gestürzt hatte. Er wurde in einer Schlacht mit der etruskischen Armee getötet, als diese versuchte, das Königreich wiederherzustellen.

78 Vater und Sohn, beide mit Namen Publius Decius Mus. Der Vater war im Jahre 340 v. Chr. Konsul und opferte freiwillig sein Leben im Kampf gegen die römischen Feinde, genau wie sein Sohn im Jahre 295 v. Chr.

79 Marcus Atilius Regulus (Konsul in den Jahren 367 und 256 v. Chr.), der angeblich von den Karthagern gefangen genommen wurde, aber dann nach Rom zurückkehrte, nachdem er seinen Feinden verspro-

chen hatte, zu ihnen zurückzukehren, um sich sodann von ihnen zu Tode foltern zu lassen.

80 Publius Cornelius Scipio und Gnaeus Cornelius Scipio Calvus.

81 Lucius Aemilius Paullus starb zusammen mit etwa fünfzigtausend römischen Soldaten in der Schlacht von Cannae im Jahre 216 v. Chr., nachdem Hannibal ihnen eine Falle gestellt hatte.

82 Marcus Claudius Marcellus, gefeierter General und fünfmaliger Konsul, wurde im Jahre 208 v. Chr. in der Schlacht gegen Hannibal getötet. Später erzählte man sich, dass dieser ihn in Ehren habe bestatten und die Asche seinem Sohn habe schicken lassen.

83 Pythagoras übersiedelte von Samos in Griechenland nach Kroton in Süditalien.

84 *Phaidon*, 72-73.

85 *Cyropaedia*, 8.7.

86 In der griechischen Mythologie behauptete Medea, sie könne Pelias verjüngen, indem sie ihn zerschnitt und in einem Kessel kochte.

BIBLIOGRAFIE

Primärliteratur

Cicero, Marcus Tullius, *Cato Maior de Senectute*. Hrsg. mit Einleitung und Kommentar von J.G.F. Powell. Cambridge, Cambridge University Press, 2004.

Cicero, *Cato major de senectute – Text und Kommentar*. Eingeleitet und kommentiert von Christof Ginzel, Münster, Aschendorff Verlag, 2017.

Cicero, Marcus Tullius, *Cato Maior de Senectute/Cato der Ältere über das Alter*. Lateinisch/Deutsch. Hrsg. v. Faltner, Max, Berlin/Boston, De Gruyter, 1980.

Sekundärliteratur

Cicero, Quintus Tullius, *Wie man eine Wahl gewinnt: der antike Ratgeber für Politiker*. Hrsg. v. Philip Freeman, Berlin, Haffmans & Tolkemitt, 2013.

Bringmann, Klaus u. Clauss, Manfred (Hrsg.), *Cicero*. Darmstadt, Verlag Philipp von Zabern, 2014.

Dimpel, Dominik, *In Weisheit altern: Unzeitgemäße Betrachtungen mit Cicero und Schopenhauer*. Freiburg, Verlag Karl Alber, 2016.

Dönni, Gerd, *Der alte Mensch in der Antike: ein Vergleich zwischen christlicher und paganer Welt anhand der Aussagen von Hieronymus, Augustinus, Ambrosius und Cicero*. Basel, Univ. Diss., 1996.

Everitt, Anthony, *Cicero: ein turbulentes Leben*. Aus dem Engl. von Kurt Neff. Köln, DuMont Literatur- und Kunstverlag, 2003.

Gruen, Erich, *The Last Generation of the Roman* Republic. Berkeley: University of California Press, 1995.

Mayer, Christoph Oliver u. Stanislaw-Kemenah, Alexandra-Kathrin, *Die Pein der Weisen: Altern in romanischem Mittelalter und Renaissance*. München, Martin Meidenbauer, 2012.

Parkin, Tim G., *Old Age in the Roman World: A Cultural and Social History*. Baltimore: John Hopkins University Press, 2004

Rawson, Elizabeth, *Cicero: A Portrait*. London, Bristol Classical Press, 1983.

Richard, Carl J., *The Founders and the Classics: Greece, Rome, and the American Enlightment*. Cambridge, Massachusetts, Harvard University Press, 1994.

Scullard, H.H., *From the Gracchi to Nero: A History of Rome from 133 BC to AD 68*. New York, Routledge, 1982.

Stroh, Wilfried, *Cicero: Redner, Staatsmann, Philosoph*. München, Verlag C.H. Beck, 2016, 3. Auflage.

Syme, Ronald, *Die Römische Revolution. Machtkämpfe im antiken Rom*. Stuttgart, Klett-Cotta, 2019.

Seneca: Über die Kunst des Sterbens

James S. Romm

»Es braucht ein ganzes Leben, um zu lernen, wie man stirbt«, schrieb der römische Philosoph Seneca (ca. 4 v. Chr. – 65 n. Chr.). Er, der schließlich seinem eigenen Leben auf Befehl Neros gefasst ein Ende setzte, musste es wissen. Er riet seinen Lesern, den Tod unentwegt zu studieren und befolgte seinen eigenen Rat, indem er in all seinen Schriften darauf zurückkam. Dieser Band fasst nun zum ersten Mal diese Reflexionen Senecas zusammen. Zudem enthält es eine informative Einführung, hilfreiche Anmerkungen, den lateinischen Originaltext sowie einen Epilog, der Tacitus' Beschreibung von Senecas dramatischem Selbstmord enthält.

224 Seiten | Hardcover | 14,99 € (D) | ISBN 978-3-95972-188-2

Cicero: Über die Kunst der überzeugenden Argumentation

James M. May

Immer wieder gilt es beruflich und privat andere zu überzeugen. Da hilft es, die grundlegenden Techniken der Rede, die Rhetorik, zu beherrschen. Und was könnte da lehrreicher sein als die Werke des wohl größten Redners der Antike, Cicero?

In diesem Band sind die besten Beispiele seiner Redekunst zusammengetragen. Neben der Übersetzung der lateinischen Originaltexte enthält das Buch informative Einführungen, eine Kurzbiografie Ciceros, ein Glossar sowie im Anhang die lateinischen Originaltexte.

336 Seiten | Hardcover | 14,99 € (D) | ISBN 978-3-95972-190-5

Dein Ego ist dein Feind

Ryan Holiday

Viele Menschen glauben, dass die Gründe, die sie daran hindern, erfolgreich zu sein, in ihrer Umwelt zu finden sind. Aber in Wirklichkeit steckt der größte Feind in jedem von uns selbst: unser Ego. Es macht uns blind für unsere Fehler, verhindert, dass wir aus ihnen lernen, und hemmt unsere Entwicklung. Gerade in Zeiten, in denen die schamlose Selbstdarstellung in sozialen Netzwerken oder im Reality-TV eine Selbstverständlichkeit ist, liegt die wahre Herausforderung in der Idee, weniger Zeit in das Erzählen der eigenen Größe zu stecken und stattdessen die wirklich wichtigen Missionen des Lebens zu meistern. Mit einer Fülle an Beispielen aus Literatur, Philosophie und Geschichte zeigt Ryan Holiday eindrucksvoll und praxisnah, wie die Überwindung des eigenen Egos zum unnachahmlichen Erfolg verhilft.

228 Seiten | Hardcover | 19,99 € (D) | ISBN 978-3-95972-032-8

Dein Hindernis ist Dein Weg

Ryan Holiday

Tagtäglich werden wir mit Problemen konfrontiert. Dabei haben wir stets die Wahl: Wir können uns von den Hürden auf unserem Weg aufhalten lassen oder wir zeigen, aus welchem Holz wir geschnitzt sind, und nehmen die Herausforderung an. Ryan Holiday – mehrfacher Bestsellerautor – zeigt, wie das jahrhundertealte Wissen der Stoiker gerade für unsere hektische und unsichere Zeit ein Segen sein kann. In viele kleine Lektionen verpackt, enthüllt er, wie große Geister wie Edison, Roosevelt aber auch Steve Jobs oder Barack Obama Weisheit, Mut, Selbstbeherrschung und Gelassenheit erlernt haben, um in der zunehmenden Komplexität unserer Welt nicht nur zu bestehen, sondern Großartiges zu leisten. Und er zeigt, wie sich dieses Wissen von jedem im eigenen Leben anwenden lässt.

224 Seiten | Softcover | 16,99 € (D) | ISBN 978-3-95972-157-8

Der tägliche Stoiker

Ryan Holiday | Stephen Hanselman

Wie findet man das wahre Glück? Wie lässt sich Erfolg wirklich bemessen? Und wie geht man mit den Herausforderungen des Alltags wie Wut, Trauer und der Frage nach dem Sinn des Ganzen um? New York Times-Bestsellerautor Ryan Holiday und Stephen Hanselman haben das Wissen der Stoiker in 366 zeitlose Lektionen verpackt und zeigen, dass die Philosophie des Stoizismus nicht nur zeitlos, sondern gerade für unsere hektische und unsichere Zeit ein Segen ist. Weisheit, Mut, Gerechtigkeitssinn und Selbstbeherrschung sowie Gelassenheit lassen sich erlernen und helfen uns, in der zunehmenden Komplexität unserer Welt zu bestehen. Die uralten Weisheiten der Stoiker, gesammelt und kommentiert, unterstützen bei diesen alltäglichen Herausforderungen.

432 Seiten | Hardcover | 24,99 € (D) | ISBN 978-3-95972-045-8

Der tägliche Stoiker – Das Tagebuch

Ryan Holiday | Stephen Hanselman

Mehr als 1000 Jahre lang war die Philosophie der Stoiker wie eine geheime Erfolgsformel für brillante Denker, einmalige Künstler und weise Anführer. »Der tägliche Stoiker – Das Tagebuch« ist ein einmaliges Journal, das Platz bietet für 366 Gedanken je morgens und abends, verbunden mit praktischen Ratschlägen, wie sich die uralten Weisheiten der Stoiker in das eigene Leben integrieren lassen. Jede Woche erlernt der Leser eine spezifische Technik der Stoiker, die ausführlich erklärt, mit zeitlosen Zitaten versehen, zu tief gehender Reflexion einlädt.

336 Seiten | Hardcover | 19,99 € (D) | ISBN 978-3-95972-094-6

Der geheime Weg zu Freiheit und Erfolg

Napoleon Hill

Ob Geld, Ruhm, Macht, Zufriedenheit, Sicherheit oder Glück – jeder von uns hat persönliche Ziele. Und jeder hat diesen Teufel in sich, der sich in Gestalt von Angst, Hinauszögern, Wut oder Eifersucht zeigt und uns an der Verwirklichung des einen oder anderen Ziels hindert. Napoleon Hill dringt an die Wurzel des menschlichen Potenzials vor und zeigt Ihnen, wie Sie diesen Teufel besiegen und mithilfe Ihres Verstandes Ihre Träume verwirklichen können. Ein Buch, das 1938 geschrieben und dann fast 80 Jahre verschollen war. Ein Buch, das seiner Zeit weit voraus war. Heute, in überarbeiteter und kommentierter Form von der Co-Autorin des Millionen-Bestsellers »Rich Dad Poor Dad«, ist es aktueller denn je und gibt klare Antworten in einer unbeständigen Zeit.

256 Seiten | Softcover | 16,99 € (D) | ISBN 978-3-95972-079-3